SIFL INSTITUTE 上海金融与法律研究院　城市化与金融系列丛书

赵志荣 著

财政联邦主义下的
交通设施投融资

以美国明尼苏达州为例

Transportation Finance under Fiscal Federalism

The Case of Minnesota

格致出版社　上海人民出版社

总　序

2009 年末，上海金融与法律研究院开始筹备下一年的研究课题立项。我提出将城市化进程的金融安排，尤其是地方政府债务融资能力作为一项长期研究课题。研究院同意这一选题并提出由我来主持这项研究。

我几乎是毫不犹豫地答应了，不仅是因为我担任了上海金融与法律研究院的学术委员，出谋划策、评审把关是职责所在，更主要的是出于多年的理论研究和实际操作经验，我比较担心地方政府融资平台存在的较大的风险。我希望通过课题组这种研究形式，对地方政府的融资行为，地方融资平台的发展以及蕴含的风险进行一以贯之的追踪、评估、分析，并在此基础上寻找可供选择的防范风险乃至化解危机的解决方案。

从学理上讲，这将深化对中国经济运行机制的观察，为学术界提供高品质的学术资源，为制度经济学增加新鲜案例；从中国的现实讲，推进城市化是中国经济可持续发展的希望所在。但是否以地方政府负债投资的形式为最佳方法呢？能否持续？从更深层次观察，地方政府负债是财政问题，这势必涉及财税体制安排，以及中央与地方事权分割等基础性的政治与经济制度安排。显然，这是中国走向现代化,建立现代化国家治理结构中不可回避的重大课题。通过研究梳理,如若能为此做出绵薄贡献,不仅仅是学究式的学术偏好,更是我们这一代中国知识分子的历史使命。

一

自改革开放尤其是进入 21 世纪以来,中国出现了快速城市化。横向比较"金砖国家"(巴西、俄罗斯、印度、中国,简称"BRIC"),中国的城市化道路独树一帜,尤其明显区别于巴西、印度等发展中人口大国的城市化路径。更令世界瞩目的是,这一中国特色的城市化道路出色的表现堪称史无前例。以高速公路为例,中国的高速公路在 1989 年仅通车 271 公里,到 1998 年当年就新增 1741 公里,通车总里程达 8733 公里,居世界第六;2001 年底,通车总里程达到 1.9 万公里,跃居世界第二;十年后的 2011 年底,通车总里程达 8.5 万公里,跃居世界第一;2012 年底,通车总里程达 9.56 万公里,超过 10 万公里已经没有任何悬念。

同样的现象,也发生在铁路、城市道路与桥梁、机场、水电煤、电信、仓储等基础设施上,更体现在设计前卫、体量庞大的城市建筑中,如超高大楼、星级酒店、城市综合体、新建住宅等,与此同时,航线、汽车、家电等涉及居民衣食住行的设施与服务增速也十分迅猛。这些基础设施与商业、生活配套设施,支持了中国经济快速工业化。

进入 21 世纪,中国成为"世界工厂"已是不争的事实。"中国制造"遍布世界各个角落。中国不仅成为世界第一大贸易体,而且其进出口总额一度达到 GDP 的 70％ 以上。这是大国以及世界经济史上前所未有的情况。

城市化和工业化的交相辉映,成功地创造了就业机会。数亿农村人口移民到城市就业、定居,使得用城市常住人口衡量的中国城市化率快速提高,到 2012 年已达 52.6％。快速的城市化不仅使城市的面貌日新月异,而且也深刻改变着中国的社会结构,并由此影响着人们的价值观和消费偏好。中国庞大的人口规模,在城市化的进程中逐渐显现出其消费的巨大威力,似乎 150 多年前,英国商人所期望的"只要中国人每年用一顶棉织睡帽,英格兰现有工厂就已经供不应求了"并不遥远,幻想正在变成现实。

正因为这种憧憬,国际学术界对中国城市化道路以及与此相应的经济高速成长经验十分着迷,进而建构了"中国模式"。在这一模式中,通常认为发展主义政府,尤其是以经济发展为取向的地方政府作用至关重要,是"中国模式"的基石。由于政府以经济发展为目标,使其在各种政治和社会事务中均以 GDP 为检验标准,而不带其他偏好,因此这种"中性政府"是推进城市化,进而促进经济成长的关键。

至少从浅层次看,上述观察是真实的。国际经验表明,城市化不是凭空而来的,如果靠自发演化,不仅耗时过长,而且因缺少规划,会阻碍城市的进一步发展。更为严重的是,放任自流的发展极易引发诸如就业机会不足、贫民窟、社会秩序混乱等城市病,进而出现"城市漂移"(urban drifting)。于是在城市发展中,如何发挥政府的作用就成了一门学问,在各国的大学中普遍没有城市规划专业便是一例。而中国城市化的经验恰恰从一个角度映射出:一个强势政府是可以阻止上述城市病的。

但是,如果深层次追究,一些疑问也随之产生。首先,什么原因使政府有如此巨大的热情去推动城市化并不受其他偏好的影响呢?其次,是什么机制保证政府推动城市化资源的持续供给,尤其是资金的充沛来源?第三,这种政府推动的城市化是否可持续?显然,不厘清这些问题,就无法客观全面地把握中国城市化的全貌,进而也无法将"中国模式"理论建立在可靠的理论基础之上。从这个意义上讲,本课题的研究实质是制度经济学层面的事,希望通过实证分析来探讨制度的演进及其意义。

二

中国政府在城市化中所扮演的重要角色可追溯到 1949 年。此前,一如其他发展中国家,中国的城市化并没有政府的强力干预,呈现出自然而然的过程。新中国成立以后,中国实行了类似苏联的高度集中的计划经济体制:反映在宏观方面,是用指令性计划取代竞争性价格机制来配置资源;反映在微观层面,是用行政性生产单位取代优胜劣汰的自由企业制度。从制度经济学的角度观察,这一体制的信息是自下而上汇总的,而决策即指令则是自上而下贯彻的。中央计划部门是最高甚至是唯一的决策者,地方政府仅是甚至是唯一的执行者,并由此使整个经济活动,无论人财物还是产供销均为计划所控制。需要指出的是,这一体制是一个严密的体系,为保证经济计划的顺利进行,需要在社会体制、政治体制等方面做出相应的安排。除在城市维持各种附属于行政权力的"单位"外,在农村表现为用行政权力人为地维持城乡分割。

十分明显,上述高度集中的计划经济体制的运行结果表现在财务安排上便呈现出财政主导性特征,一切经济活动皆为国家经济活动。所谓财政,是一半财、一半政。它是国家治理的基础和支柱,高度服从于国家的战略目标。新中国成立后,囿于当时的历史条件,发展工业尤其是与国防安全相关的重工业是当务之急。为了发展工业,必须扩大投资,这就要求抑制消费、动员储蓄、控制成本。而高度集中的计划经济体制及与其相适应的社会、政治体制安排恰恰可以满足这一要求。

具体来看,上述诉求的实现机制是:在农村,通过农产品的统购统销人为地压低农产品价格,抬高工业品价格,用"剪刀差"动员农村储蓄投入工业,并相应地压低工资成本;通过人民公社制度将农村人口束缚在土地上,人为地增加了人口流动的机会成本,以此不仅使低工资成本长期保持,并可以相应维持工业资本积累能力的可持续。在城市,通过兴办行政附属性的国营工厂来保证资本集中投向国家最需要的工业部门,通过票证配合制度人为地抑制消费,并通过附属于财政的国有银行垄断性安排将消费剩余不断动员成工业投资。在这种情况下,服从于国家战略目标的财政安排自然决定了其财力安排顺序:先建设、后生活。集中力量发展工业,而城市则被视为发展工业所必要的代价而成为从属性的。于是当时中国城市就呈现这样一番景象:在马路一边是高大的厂房,在马路另一边则是"干打垒"的职工宿舍,居住条件差,生活配套设施不足,城市基础设施及公用事业严重欠缺。这种景象在新兴工业基地中的典型代表是大庆,在老工业基地中的典型代表是沈阳铁西区。

高度集中的计划经济体制在带来经济发展的同时,也带来了严重的弊端。一方面,20 世纪 70 年代末,中国的工业体系已初步形成,工业生产总值已占全社会总产值的 70％以上,另一方面,城市化却严重滞后,70％以上的人口仍然是农民,二元经济分割倾向不仅在固化、深化,而且尖锐对立并有断裂之忧。用当时的语言表述就是,农轻重比例严重失调,城乡差距不断扩大,国民经济走到崩溃的边缘,其根源在于"斯大林模式",即高度集中的计划经济体制决策失误,浪费严重,效率低下。也正是这个原因,改革成为历史的必然,而改革的目标取向自然是构建市场经济体制。

回顾 35 年中国改革的经验,可以看到,中国采取的是市场取向的渐进式改革方式。这一方式奠定了中国现有城市化模式的基因并因路径依赖而显著化。改革起步于高度集中的计划经济体制。改革的逻辑和实践起点首先就是减少集中度,表现为行政权力尤其是决策权力的下放:在中央与地方关系上体现为简政放权,地方政府有更大的决策权,在政府与企业的关系上体现为放权让利,不仅让企业有经营自主权,而且还有利润留成;在企业与职工的关系上引入奖金制度,允许干好干坏不一样;在农村则实行土地承包经营制,鼓励农民多劳多得。决策权力的下放在国家和农民的关系上,废除了粮食的统购统销,取消了人民公社制度,实行家庭联产承包责任制;在给农民经营自由的的基础上,鼓励农民多劳多得。

　　这一系列制度性的放权安排,使中国的城市化道路开始摆脱传统模式,表现在三个方面:

　　首先,以家庭联产承包责任制为基础的农村经济体制改革中,农民可以自主投资、自主经营,使中国的工业化不再是国家主导的工业化,而呈现典型的亚洲工业化特点,即有了货币收入的农民受工业化规律的支配而投资于工业,乡镇企业蓬勃发展,其聚集发展改变了原有的城市布局,小城镇开始涌现。与此同时,城镇建设资金也不依赖于财政拨款而多采用集资、入股等所谓自筹资金的方式安排。从某种意义上讲,这是中国最早出现的公共民营合作制(PPP)形式。

　　其次,原有的城市是国有企业的聚集地,在以乡镇企业为代表的非国有企业的激烈竞争下,国有企业业绩普遍不佳,甚至亏损严重。这不仅极大地影响着地方财政收入,而且因工人下岗,就业形势严重化迫使地方政府必须招商引资。为吸引投资者,“三通一平”的基础设施就成为基本条件,而老城区改造成本较大,于是多采用在老城区旁建新城的办法,开发区模式由此而大行其道。

　　第三,简政放权为上述城市化发展提供了充分条件。20世纪80年代,随着家庭联产承包责任制的广泛发展,从农村动员经济剩余的途径已经堵塞,与此同时,随着对国有工业企业的放权让利,以利润为基础的财政收入又呈下降趋势。前后夹击,动摇了原有的财政基础,财政体制不得不改弦更张。1984年后,一方面在财政收入上开始推行“利改税”,另一方面在财政支出上,开始推行“拨改贷",与此同时,在政府间关系上开始推行"分灶吃饭",即中央和地方各自承担本级财政支出。财政体制这一变动,为地方政府满足本级财政支出而组织财政收入奠定了前提条件。长期在高度集中计划经济下所形成的工业化和城市化脱节,造成了城市化欠账,再加上农村剩余劳动力转移就业的压力巨大,迫使地方政府必须以极大的努力去组织收入以满足支出。预算外收入由此产生,而且增长迅速,并日益成为城市建设的主要资金来源。

制度经济学研究表明,制度变迁有"路径依赖"特点。一旦初始条件给定,制度演进会沿着初始条件所规定的发展可能性空间展开,并在这一展开的过程中不断强化对这一路径的依赖倾向。在中国的城市化中,20 世纪 80 年代由决策权高度集中到决策分散这一放权安排,改变了初始条件并引致上述三方面的变化,而这些变化中都暗含了一条共同的路径:可以不用正规的财政资源(由税收构成的一般性财政收入)来实现城市发展的资金安排。并且随着时间的推移,在各地方的相互竞争和模仿下,这一路径日渐清晰起来,这就是土地批租制度,即通过生地变熟地来使土地增值,进而通过变现来筹措资金。除用于基础设施建设外,还可以以地养地,滚动开发。"土地财政"的基因由此奠定。

由于包括土地在内的各种资源多集中于地方政府,故其筹措财政收入尤其是预算外财政收入的能力远高于中央政府。1980 年到 1993 年,地方财政收入占全国财政收入的比重平均高达 68%。一些经济发展快,资源价格尤其是土地价格上涨快的省份,其财政收入增长远快于全国。相比之下,地方政府的支出责任却并未发生较大变化,尤其在一些经济发达省份,支出增长小于收入增长。1980 年到 1993 年,地方财政支出占全国财政支出的比重平均为 49%,呈现出财权大事权小的格局。

中央财政收入占全国财政收入的比重持续下降,甚至到了中央财政支出难以维持的地步,终于触发了 1994 年的财政体制改革。囿于当时的条件,这一改革并未在各级政府支出责任上做大的调整,而是集中力量用于筹措财政收入,尤其是中央政府的财政收入,其目标是有限的,主要是提高两个比重,即提高财政收入占整个国民收入的比重,提高中央财政收入占整个财政收入的比重,俗称分税制改革。

就当初设定的优先目标而言,分税制改革取得了巨大的成功。除财政收入占整个国民收入的比重提高外,中央财政收入的比重也持续提高。到 2008 年,地方财政收入仅占全国财政收入的 47%,较 1994 年下降 21 个百分点。但与此同时,地方政府的支出责任并未相应减小,支出不断上升,结果到 2008 年地方平均财政支出已占全国财政支出的 79%,比 1994 年上升 20 个百分点。地方政府的财政收支缺口越来越大,为满足城市建设资金的需求,地方政府必须进一步拓展资金来源。其结果是以土地作为融资中介的城市化投融资模式逐渐兴起,成为 21 世纪以来主导城市化投融资的主要模式,同时也成为当今中国地方政府"土地财政"的完备形式。

1998 年,国家开发银行与芜湖市政府在国内首创了城市基础设施贷款领域的"芜湖模式",即把若干个单一的城建项目打包,由市政府指定的融资平台作为统借统还借款法人,由市政府建立"偿债准备金"作为还款保证。随后的 2000 年,国开行与苏州工业园区的合作进一步发展了这一模式,创造出一种崭新的制度安排,即政府出资设立商业性法人机构作为基础设施建设的借款机构,使借款方获得土地出让项目的收益权,培育借款人的"内部现金流";同时通过财政的补偿机制,将土地出让收入等财政型基金转化为借款人的"外部现金流",两者共同发挥作用,使政府信用有效地转化为还款现金流。这就是人们熟知的"地方融资平台"模式。

2000 年以后,除了国开行以外,越来越多的地方政府和商业银行参与这一模式。特别是在 2008 年,为抵抗全球金融危机带来的经济衰退,中国启动了"四万亿"经济刺激计划,新建在建的基础设施项目大幅增加,除财政投资外,更多地方政府采用了负债投资的办法,地方融资平台模式备受青睐。与此同时,金融系统对城市基础设施投资的信贷约束大大放松,也为负债投资提供了方便条件。数千家政府性公司的资产负债表迅速膨胀,负债规模急速上升。

根据国家审计署 2011 年的审计结果,2010 年地方政府性债务余额中的 48.85% 是 2008 年后发生的,并且地方债务是全国范围的。2010 年年底,全国 2779 个县中只有 54 个县级政府没有举借政府性债务。除此之外,所有的省政府、市政府和县政府都举借了债务。更为突出的是,地方政府性债务还呈加速发展之势。根据国家审计署 2013 年的审计结果,包括负有偿还责任、担保责任和其他相应责任在内的全部地方政府性债务由 2010 年的 10.7 万亿元上升到 2013 年 6 月的 17.99 万亿元,平均增长近 20%。其中,县级政府性债务增长最快,为 26.59%;市级次之,为 17.36%;省级为 14.41%。

以地方融资平台为基本骨干的"土地财政"成为中国快速城市化的主要动力。无疑,这对加速城市基础设施建设,改善居民生活条件,吸引产业集群,促进经济社会发展发挥了重要作用,并充分体现在城市化率的快速提高上。1989 年到 1999 年 10 年间,中国的城市化率只增长了 4%,而 2001 年到 2012 年 11 年间,中国的城市化率由 38% 增长到 52.6%,平均增长 1.3 个百分点。这意味着每年有 1600 万农民进城务工,成为工业化的主力军,而且更为重要的是,中国的贫困人口规模迅速缩小,城乡对立大幅缓解,向现代社会转型不断加快。

但与此同时,不断增加的地方融资平台以及不断攀升的地方负债规模也令人担忧。面对不断到期的地方应付债务,国内外金融市场均十分警惕。尽管地方政府屡屡承诺还债义务,并在监管当局默许下,采用诸如成立资产管理公司,允许发债替换,展期处理等"腾挪成本"方式进行风险缓释,但违约风险仍在上升,金融市场疑虑仍在加重。在信息相对透明的债券市场,以地方政府控制的城投公司为负债主体的城投债借新还旧发行成本已达 7% 以上,但仍频现支付危机,如出现了"上海申虹"、"云南城投"、"黑色七月"等事件。

更大的问题在于,现有的城市化融资模式基于一个基本的假设:在中国快速、持续的城市化进程中,城市的土地价值将在相当长的一段时间内处于上涨趋势。这种情况下,地方政府的债务融资可以依赖土地储备作为抵押品,并以土地升值为还款来源,从而使路径依赖更为强化。地方政府自觉或不自觉地存在维持或者推动房价、地价上涨,鼓励房地产发展的政策冲动,就是一个充分体现。

基于先天禀赋的差异,一些三四线城市过多的土地供给和超前的基础设施建设,出现了"空城"、"鬼城"。未来这些地方政府进一步融资的能力受限,城市化的质量与前景也令人生疑。而大型的一二线城市则限制土地供给,房价畸高,是否拥住住房成为财富差距的主要因素,阻碍了社会阶层流动,公众舆论对此批评不断。这些都对现有的城市化模式构成了严重的挑战。尤其需要指出的是,随着中国人口老龄化程度的加深,房地产刚性需求将呈下降之势,房地产价格还会持续上涨吗? 这一系列现象给中国未来的可持续发展蒙上一层阴影。

今天,我们面临这样的一个问题:未来的城市化如何又快又好地持续下去? 而这一问题面临两个挑战:第一,现有的城市化模式还能持续吗? 如果不能持续,如何化解其带来的债务风险? 第二,构建新型的城市化发展模式,这不仅仅需要我们寻找长效的、稳定的建设资金来源,更需要对地方政府功能作重新审视和定位。

三

这里,我们需要重新回溯一下关于中国地方政府在经济发展中地位和作用的争论。

主流经济学界认为,在过去的 30 年里,中国经济增长之所以有"奇迹"(年均 10％左右的 GDP 增速)，就是因为中国经济体制改革是市场取向性的，是符合新古典经济学的基本原则的。这包括放松管制、经济开放、市场竞争、保护产权，以及与政府减少干预相适应的谨慎的财政政策。中国经济体制改革尤其强调，政府退出具体的经济活动，停止对要素市场的价格干预，保持国有企业中性角色等，因而更被视为主流经济学及其衍生政策的成功范例。

在这一认识下，城市化的发展应该遵循市场原则，政府之手不应该伸得太长，大规模的造城运动、政绩工程违背了市场规律，一般来说都是缺乏效率、品质低劣的项目，因为好的项目会赢得市场的认可并获得融资，而不需要政府插手。如果按照这一原则行事，中国大多数的"铁公基"的项目可能都不会面世，自然也就没有规模庞大的地方政府性债务。根据这一原则，让地方政府及其控制的融资平台直接向资本市场融资，即以发行债券、风险自担的方式为城市化融资也是一个不错的选项，美国"西进运动"中的基础设施建设就是一个生动的案例。

但是，即使主流经济学也无法回避中国地方政府在经济增长中的功能。制度经济学的"鼻祖"科斯在与王宁合著的《变革中国：市场经济的中国之路》中也承认，包括苏州工业园区、昆山高新技术产业开发区在内的 90 多个国家级经济技术开发区以及数目巨大的省、市、县级工业园对中国的经济增长起到了重要的作用。

有鉴于中国地方政府在经济发展中所扮演的积极角色，有不少学者倾向于挖掘政府在城市化乃至经济增长中独特的、举足轻重的作用并重新予以定义。有人归结为中国政府的远见卓识，有人归结为"政治上的贤能体制",并得出结论：一个致力于经济增长的中性政府有利于现代化建设，这是发展中国家现代化潮流的新鲜经验，并可加以推广。但是，这种逻辑的不自洽性也显而易见。债务的不可持续、生态的恶化、收入差距的扩大以及腐败的大范围发生，使这种看法很难被接受。

目前，上述两种看法及其背后所代表的学术思潮仍在激烈的交锋中。孰对孰错暂且不论，但这两种意见的分野，造成公共舆论在如何为城市化融资上出现分歧，并影响决策，造成一系列政策的决策存在障碍。例如，发展大城市还是主推中小城镇，全面推进利率市场化还是保留开发性政策金融的利率优势，不同的观点和看法形成两条截然不同的轨道，各说各话。

问题的关键在哪里？以往的学术讨论过多聚焦于理论层面的探讨，基于对现代化、规范化的政府治理的诉求，从理念出发，试图给政府之手戴上手铐。这一思路忽视了路径依赖的约束，而各个国家的政府事权与政府间财政关系的形成一般都有特定的历史原因。跳过这一历史现实，直接以国外经验作参照系，可能符合中国未来的发展方向，但过于空泛，缺乏可操作的现实基础，进而被束之高阁。而离开了学术与理论的支撑，政府就完全是摸着石头过河，当然有可能会摸到靠谱、先进的经验依据，但误入深沟、偏离改革彼岸的情况也难免会发生，这不可避免会贻误政策时机、降低改革的效率。

基于这种考虑，2009年在《城市化与金融》系列课题研究开始时，我们就认为最佳的研究路线是将研究视野回归现实，抛开先入为主的理念框架,从历史、事实、数据中描述、分析研究对象,寻找问题的症结,为下一步的分析和研究提供依据。同时,以比较的视角,梳理发达国家、相似经济发展路径或发展阶段的东亚国家和新兴市场国家的经验教训。最后,比较中国的现实及国际的经验,寻找可供中国参考的政策选项。我们认为,从实证的角度出发,可以刻画现有中国城市化模式的内在机理,评估其优劣,并在此基础上形成新的学术规范。

四

我们尝试从大范围多个角度来回答政府在城市化进而在经济发展中的作用得失,有以下主要研究发现:

在过去 35 年中,中国至少做对了两件事情。第一,过去十几年内,政府主动而非被动展开的基础设施建设减少了中国整体上的投资错配,降低了因此带来的潜在 GDP 损失;第二,在金融市场不发达的背景下,以土地为主的政府融资中介,为中国创造了安全资产,整体上提高了融资市场的效率。这两者都改善了中国城市化和经济增长的绩效。

地方政府推动的基础设施建设投资客观上改善了中国整体投资的错配,促进了经济增长、人口城市化的宏观目标,但其本意可能只是为了增加地方政府收入、提高本地 GDP 增速。地方政府性债务规模上升并出现潜在的系统性金融风险,也可能是中央政府有意放松金融管制的副产品,因为对于通过地方政府的负债投资来拉动整体的经济增长,中央政府是乐见其成的。

由上,"如何为城市化融资"的命题的核心是"明确谁来为城市化融资"。它体现在两个方面,分别为"政府事权与支出责任划分"和"政府间事权与支出责任划分",简而言之,即"政府与市场"以及"中央与地方(及其他各级政府间)"事权和支出责任的界限划分。

自 1994 年分税制改革以来,20 年间,政府事权界定及政府间事权与支出责任划分问题一直被提起,但始终未得到解决,在改革的议程上被长期虚置。一个很重要的原因是从计划向市场的转型中,政府应承担的职能尚不明确,不仅仅是政府的职责存在大量的越权与缺位,政府内部及学界对政府职责定位的认识也不是很清楚。与此同时,地方政府在经济发展,尤其是促进就业方面承担着巨大责任。一旦影响地方政府的积极性,将会影响经济发展,而这在高度集中的计划经济体制中是有教训的。于是一直保留着"上下一般粗"的政府间事权划分,即所谓的"中央出政策,地方对口执行"。政策出台后,目标向下由各级政府逐级分解,由基层政府落实执行,形成事权下移的局面。

政府事权界定的模糊,使得政府尤其是地方政府全面参与了经济发展,树立了政府在经济活动中的主体性作用,客观上改善了中国经济增长的绩效,也牺牲了长期经济发展的空间,在今天甚至已经成为城市化深化(或者说"人的城市化")的障碍。

政府间事权与支出责任界定不清,使得中央政府对地方政府的所作所为只能"孩子与脏水"一起留着,地方政府修路建桥欠下的债务,中央政府很难独善其身,自然也就很难要求地方政府践行"谁的孩子谁抱走"的市场化处理政府性债务的思路。

上述研究发现使结论因之而十分明确：在过去 35 年中，通过工业化来加速经济增长、克服普遍贫困，既是经济发展规律使然，也是中华民族复兴的历史追求。在这一过程中，中国政府尤其是地方政府发挥了不可替代的积极作用，主要体现在政府主导的城市化为工业化形成了有力的支撑，中国经济快速成长，并使中国经济社会发展进入新阶段，其鲜明的标志就是城市化率超过 50%。

中国经济社会发展的新阶段意味着过去"土地的城市化"需要进入"人的城市化"：与人的发展相关的教育、医疗、文化等事业成为发展的重心；与之相适应的包括社会保障在内的基本公共服务均等化成为城市化新的诉求，这要求政府的职能从经济建设型转向公共服务型，相应地需要重塑政府与市场的关系，重新划分政府间的事权与支出责任。除政府应退出经济活动、市场发挥决定性作用外，在政府间财政关系上，应以公共服务型政府为指向，划分事权，厘定支出责任。

五

"千里之行，始于足下。"上述研究发现和结论是通过对问题的细致梳理而逐步形成并日臻完善的。

根据对《城市化与金融》系列课题的规划，自 2010 年开始，上海金融与法律研究院逐步开始与各领域的研究人员接触，先后遴选了来自复旦大学、上海交通大学、中国社科院世界经济与政治研究所、美国明尼苏达大学、上海财经大学等的多位专家所主持的不同的研究方向，依次展开课题研究。

同时,上海金融与法律研究院还组织了大大小小十余次研讨会、评审会、报告会,引入地方政府、城投与路桥公司、发改委、银监会、央行、国家开发银行、商业银行、评级公司、科研院所、专注于公用事业投融资的咨询公司等机构的研究人员参与讨论,在激烈的观点碰撞和热烈讨论中,《城市化与金融》各课题的负责人吸收了相应的意见。

在对课题的密集讨论中,参与研究的人员逐步形成共识:地方政府的融资平台及其债务风险是研究的最佳切入点。理由是:地方政府的债务风险只是现行城市化模式的结果,而理解现行城市化模式的钥匙就在地方政府融资平台。

复旦大学中国经济研究中心王永钦对地方政府融资平台及345家城投债进行了理论与实证研究,探究地方融资平台的效率、风险与最适透明度。研究成果表明,地方政府融资平台实际上是受到流动性约束的地方政府在经济发展过程中进行的金融创新,非常类似于资本市场发达国家最近一二十年内出现的资产证券化。

而地方政府融资平台承建的基础设施是否应该继续,应该分析新建投资是否有财务风险。上海交通大学安泰经管学院黄少卿与施浩团队因此对基础设施投资的效率做了研究,认为中国基础设施目前已经过度,应警惕未来的财政风险,地方政府在进行大规模基础设施投资时,必须与私人性的生产设施的投资形成齐头并进的良性局面。

地方政府的巨额债务自然是快速城市化的结果,但城市化不是地方政府债务产生的唯一因素，要理解地方政府债务的产生，需要从中国整体经济发展模式、财政制度与金融体系关系的角度来审视。复旦大学中国经济研究中心傅勇从中央与地方"财政—金融"相互交织的视角，来讨论中国经济体制改革的脉络及其内在逻辑，以此揭示地方政府债务产生的本质原因。他指出在现有体制下，债务规模是由中央与地方博弈决定的，城市化只不过是债务产生的中介，并非根本原因。要一劳永逸地解决无序债务增长问题，还需要从财政、金融制度的安排入手。

中国的城市化是史无前例的，虽然从国际视野来看，中国的基础建设缺乏可参照的学习对象，但他国的经验值得中国学习，他国的教训中国也应警惕避免。中国社会科学院世界经济与政治研究所何帆梳理韩国的地方政府债务现状及融资模式，结合韩国国家行政结构、地方政府自治、金融市场结构等背景，对该国地方政府融资和风险管理系统进行评价，并在具体运行过程和制度背景中找出问题所在。

作为成熟的发达国家，美国当前的基础设施建设也为我们提供了可资借鉴的图景，如借债方式是否恰当，债务开支是否得宜，债务规模是否可控，债务的风险如何评估和防范等等。美国明尼苏达大学赵志荣以明州的交通设施投融资为研究对象，从政府和市场的职责分工、各级政府间的协作、现金流和债务融资的取舍、税费手段的选择和设施定价水平的考量五个维度深入"解剖一只麻雀"，分别介绍明州交通设施投融资的资金来源、项目间的资金划拨，以及新近主要议题。

从操作角度观察,要处置当前的债务风险,中央政府必须考虑不同的地方政府债务处置方案将对未来地方政府的融资模式产生何种影响。毕竟地方政府目前还有着很强的融资需求,尤其当前地方政府支出的压力不仅仅体现在大规模的城市化建设上,更体现在养老、医保、住房等多个领域中,这些都会对未来地方政府的可持续财政形成很大的冲击。

从全局来看,化解存量的地方政府债务、设计未来地方政府融资的新渠道,是政策技术层面需要面对的问题。要解决这些问题,就必须回应近20年来一直模糊的界限,即中央与地方的财权与事权关系的匹配、政府与纳税人之间的权利和义务的匹配,亦即明确城市化进程中,哪些事情是需要政府来完成的,哪些是市场可以自行完成的。前者是政府事权,后者可以通过PPP等融资模式来为城市化项目融资。在此基础上,明确中央与地方关系,政府事权中除去中央政府承担的,留下的才是地方政府的事权以及融资问题。在这个背景下,清理地方政府债务才有意义,才不会像韭菜割了一茬又长一茬。

上海交通大学凯原法学院黄韬以地方政府债务问题为出发点,从制度的历史文本上梳理了中央与地方政府分别拥有的事权及其变革,他指出当前中国的地方政府债务问题实际上折射出财政体制中的一个制度性缺陷,即中央与地方之间的事权关系尚未被纳入法治的轨道,法治化程度的缺失导致中央与地方的事权与财力不匹配,中央与地方政府在过去30年一直处于拉锯状态。

这不仅印证了傅勇的研究成果,还表明应当着力提升我国中央与地方事权关系法治化的程度。在这个过程中，也应当意识到，既有的那种能够防止地方政府过度举债融资的自上而下的政治控制机制将不可避免地被削弱。因此，需要注意到制度与制度之间的彼此勾连，防止因中央和地方事权关系法治化的提升而带来的新问题。

与此同时，中短期的城市化融资及化解地方政府债务，无法回避地方政府融资平台及存量债务。上海财经大学公共经济与管理学院郑春荣着眼于政策的技术性解决方案，基于地方政府财政收支情况与地方政府融资平台的财务和经营的微观数据，在前述课题研究成果的框架下，厘定地方政府融资平台的事权边界，优化融资结构。

近几年内，地方政府债务的可持续性维持十分重要，对此，我们的建议如下：第一是短期内财政体制在省市县不要发生重大变动，政策核心在于如何缓解债务的到期偿付；第二是解决目前地方政府债务的期限错配，将债务进行 ABS 再证券化，把银行对地方政府的贷款打包成债券然后卖掉，拉长融资期限以匹配项目期限；第三，为了保证前述目标的实现，需要全面梳理地方政府的自主发债，推进金融市场化，比如成立权威高效的信用评级公司、利率市场化、消除基建项目的国家信用隐性担保等。

六

35 年前，再有想象力，也无法预见中国今天的经济规模和城市化水平，我们或许正经历着中国历史上经济社会形态转型最为剧烈的时代,其历史地位可与人类历史上任何一个伟大时代相媲美。作为经济学家,我有幸处在这样一个激动人心的年代。

35年前,当我们刚跨出校门,就置身于改革开放的潮流中,不仅见证这一时代转型的细节,还卷入重大决策的讨论中。1985年,一群致力于改革开放的青年经济学家共同发表《改革:我们面临的挑战与选择——城市经济体制改革调查综合报告》。其时,我们就指出:"经过几年努力,经济系统运行开始向市场方向倾斜,为改革向更深层次的市场突破,创造了比改革之初优越得多的基础。同时今天的改革面临新的严峻挑战,要求我们以更大的勇气和决心,以更加审慎的态度,沿原有'放'的思路,在劳动力市场和金融市场问题上,正面迎接工资结构性上涨和投资饥渴症的挑战。"这些话用在今天仍然毫不过时与突兀。

同样的话,并不代表中国在原地踏步,相反表明,我们站在一个新的历史起点。地的城市化已见成果,而人的城市化刚开始旅程,30余年的城市化历程过后,反思城市化进程中的得失成败,探索新型城市化的道路,这已经成为上海金融与法律研究院未来几年的工作重心。而能与这些年轻的、有理想、对未来充满希望的研究院同事一同面对这个时代,一同为中国的现代化转型探寻未来,令人鼓舞。

是为序。

曹远征

中国银行首席经济学家

上海金融与法律研究院学术委员

目　录

第 1 章

研究概述

1.1　研究缘起

很多信息表明,近年来中国地方政府的借债规模大幅度上升,这引发了多方面的公共关注,[①]很多相关问题都亟须研究和讨论,例如,借债方式是否恰当、债务开支是否得宜、债务规模是否可控、债务的风险如何评估和防范,等等。

不少地方政府通过借债进行基础设施建设,并认为这是合理有效的通行做法,期待着设施水平的提高能带来经济效益,进而产生足够的政府收入来还债。但在具体的实施过程中,却暴露出很多问题。比如,有的设施虽然可以收取使用费,但是收费往往不足以支撑运营成本,更不可能产生足够的利润来偿还初期建设成本;有的设施可能带来可观的经济效益,但政府可能缺乏妥善税收安

[①]　已公开发布的数据,参见中国审计署的《审计结果公告(2011 年第 35 号):全国地方政府性债务审计结果》,国家审计署网站:http://www.audit.gov.cn/n1992130/n1992150/n1992500/2752208.html。有关中国地方债的风险讨论,参见郑春荣(2012)。

排以筹措足够资金还债;更有甚者,有的设施在初建之后还需要持续的巨额投入来补贴日常运营;而这些设施能否带来相应的社会经济效益,却仍有疑问。

基础设施建设本身并不能成为地方政府盲目借债的充分原因。从公共财政的角度看,地方政府借债一般来说只能用于基础设施建设,而不宜用于补贴日常开支。

但是,基础设施建设并不仅仅依靠地方政府债务,往往也需要现有财税手段的支持。而且,地方政府债务的规模用途、决策程序和风险防范等方面,还要受到很多其他因素的制约。在这些方面,其他一些国家在长期实践中积累了很多经验和教训,形成了一些相对成熟的运作机制,很值得我们借鉴。例如,美国的道路交通投融资,就是政府和市场协同努力的结果。除了靠地方政府发行市政债券,美国的交通设施发展还大量依靠联邦政府、州政府和地方政府的多种财税手段,以及私有市场资金不同形式的介入,如公私合营关系(public-private partnership)等。这份研究报告将以美国明尼苏达州为例,希望对国内的相关讨论有所帮助。

1.2 研究对象和研究方法

这篇报告里所说的交通设施,特指公共地表交通的相关设施,英文里一般称 public surface transportation,主要包括公路系统(highways)、公交系统(public transits)和地方道路(local roads)。这个定义不包括航空交通、水路交通和货运轨道系统。这样的划分惯例,主要是出于政策工具的考量,因为高速公路、公交系统和地方道路具有较高的"公共性",是美国政府交通财政的主要支持对象。相比之下,美国的航空交通、水路交通和货运轨道系统虽然也需要公共部门的监管和协调,但其运作更多地依赖于市场手段,少有政府的筹款或补贴,所以不在本书讨论之列。

这里所说的投融资,包括政府财政投入的现金流(funding)和各种市场融资手段(financing)。政府财政投入来自各级政府的不同税费手段,市场融资则包括政府和私有部门的债务融资(debt financing)或者股权融资(equity financing)等形式。要注意到,这些不同的投融资手段有时是相互关联的。比如说,政府借债带来可供使用的现金,但是还要用未来的税费手段来偿还。从资金来源的角度来看,税费手段和市场融资要区别对待;因为在资金的使用上,这两者往往不能相互叠加。究其实,融资手段是财务资源的"时空大挪移",总要以特定方式来返还,虽可以作为政府财政投入手段的补充,却不能视为额外创造出来的钱。

报告的主要研究对象是美国明尼苏达州(以下简称明州)的交通设施投融资,有关分析和探讨将放在特定的理论框架和制度背景中。这里用的理论框架——W5 设施受益分析模型,是本人对基础设施投融资一些最核心问题的简单梳理。没有复杂公式和数学推理,但有一些基本的经济学原则和常用的公共政策考量标准。这些原则和标准,我认为不仅适用于交通设施,也能用于观察和讨论其他基础设施,甚或其他一些政府投入项目。这个理论框架不仅适用于美国,也有助于分析和讨论中国的有关现象。当然,具体政策手段是否合宜,还要结合特定的制度背景来判断,我们也不能依照教条就轻易下结论。报告中的明州案例分析,其背景是美国的联邦财政主义,简单来说,就是美国联邦、州和地方政府之间的一些特定的财政安排。报告里的很多资料、数据和观点,来自本人近十年在美国相关教学和科研活动的积累,也包含了对国内情况逐渐学习和了解的一些粗浅认识。欢迎大家讨论和批评。

1.3　报告的章节安排

这份报告共有 7 章。本章是研究概况。第 2 章提出一个理论框架,即上文所说的"W5 设施受益分析模型",主要讨论和基础设施投融资有关的五个关键决策要素,包括:(1)政府和市场的职责分工;(2)各级政府间的协作;(3)现金流和债务融资的取舍;(4)税费手段的选择;(5)设施定价水平的考量。

第 3 章介绍相关制度背景,包括三节:其一为美国的财政联邦主义,解释美国联邦政府、州政府和地方政府之间的关系,并讨论各级政府的财力划分、开支责任,以及各层政府之间的转移支付。其二为美国州和地方政府的资本预算,讨论内容包括美国各级政府的预算程序、资本预算和日常预算的区别,以及市政债务的方式、途径和制度规范等。其三是美国联邦体系中的明州,介绍明州的地理经济文化概况,以及明州在财税结构和预算上的独有特点,因为这些因素都可能影响到交通设施的需求和供给。

第 4 章到第 6 章是报告的核心部分,分别介绍明州交通设施投融资的资金来源、项目间的资金划拨，以及新近一些主要议题。第4章里，交通资金的来源包括联邦政府、州政府和地方政府。联邦政府有燃油税；明州政府除了有自己额外一层燃油税，还有其他几项专用交通资金；地方政府则依靠一般性预算和公交专用可选销售税。除此之外，州和地方政府也发行一些市政债券用于支持交通设施建设。但是，债券总是需要用相关资金来源来偿还。因此，债券只是相关资金在时间上的重新分布，不算提供新的可用资金。

　　第5章讨论项目间的资金划拨，主要介绍有关资金在公路系统、公交系统以及地方道路系统之间的分配。其中，不管是从联邦政府到州政府，还是从州政府到地方政府的交通专用转移支付，都涉及特定的决策程序和详细的划拨公式。而且这些程序和公式处在不断的调整过程中。资金在项目中的使用，既要考虑提高系统交通可达性的效用，也要兼顾收入和空间公平。尽管每年支出总额巨大，美国的地表交通系统仍有巨大的资金缺口，明州也不例外。从学界到相关部门，美国已在积极寻求新的交通投融资工具，或更为有效的交通需求控制。在第6章，我先介绍美国交通财政的普遍困境，然后集中讨论明州交通财政的四个新近议题：(1)拥堵收费的实施；(2)从交通汽油税向里程收费的过渡；(3)溢价归公在交通财政中的利用；(4)交通设施发展中的公私合营关系。

　　报告的最后一章是总结和讨论。在讨论的时候，让我们跳出明州交通财政的一些细节，回到报告开头的理论框架，对美国交通财政体制进行全面评析，包括其中的经济和政治逻辑、可以借鉴的优点和一些不足之处等。尽管报告的分析主体是美国的案例研究,但"他山之石可以攻玉",也尽可能联系中国的一些现象和问题进行讨论。长期身居海外,和中国有关的资料不足、数据也不完备,本人的观察可能很片面,观点看法也可能"隔靴搔痒"。但还是希望,至少可以从比较研究的角度出发,提出一些问题,帮助大家讨论和思考。

第 2 章

理论框架与制度背景

2.1 W5 设施收益分析框架

在讨论明州的交通设施投融资之前,先提供一个分析和讨论的理论框架。这样,讲到一个特定的制度安排的时候,我们不仅可以"知其然",还可以"知其所以然"。或者发现其中存在的问题,进而提出如何改进,而"使其然"。一般来说,基础设施的改善,往往带来特定的社会经济效益。不同区域的不同群体,受益时序或者程度也有不同。这些方面都有待更多的相关政策分析。这里的讨论重点是基础设施的资金筹措安排。基础设施所需的大笔的资金往往不是出于单一的决策主体,而是广泛涉及不同政府层级还可能包括私有部门机构和个人(例如缴纳设施使用费的用户)。也就是说,在资金提供方面有一个复杂多元的"市场",其中不同主体各有自己的设施需求以及财力和预算制约。而这些因素都将影响基础设施的资金筹措和使用。从经济学的角度,如果设施受益对象能承担与其受益程度相当的成本,在价格信号"看不见的第三只手"的指引下,即容易达到社会资源的有效配置,也能实现设施使用方面的公平度。

据此,本书提出了一个"W5 Framework for Infrastructure Benefit Analysis"(W5 基础设施受益分析框架),简单而言,基础设施投入有五个关键性政策选择,取决于对该设施受益情况五个"W"的分析:(1)whom to benefit(受益对象);(2)where to benefit(受益范围);(3)when to benefit(受益时机);(4)which mechanism to repay(受益回收机制);(5)at what level(受益定价水平)。相关的分析原则,不仅适用于这份报告中的交通设施,也可用于其他基础设施如市政环保设施,甚至广义的社会基础设施,如文化教育事业等。

2.1.1　whom to benefit:受益对象

对受益对象的分析,主要是衡量设施服务的"公共性",也就是说,在多大程度上该项设施所提供的服务具有非排他性和非竞争性。非排他性指的是在设施使用中不便区别对待,比如说,除了缴费的人,其他人也有可能跟着获益。非竞争性指的是设施效用的边际成本很低,就是说某个人的消费几乎不影响其他人继续消费的机会。[①] 任何设施的使用,都有赖于公有资源和私有资源的特定组合(比如说,就算是免费通行的人行道,行人也要花费购置鞋子的费用)。"公共性"强的设施,在管理上或经济上不便区别个别使用者,更适合于面向公众开放,因此理应更多依赖公有部门的投入。反之,"公共性"弱的设施,方便以市场化交易的形式为特定付费对象提供服务,应该尽可能地交给市场自己去提供。

①　有关公共物品的现代经济学定义,详见如下两本参考书:Varian(1992)以及 Gravelle and Rees(2004)。

　　以交通设施中的航空客运和城市道路为例，前者的排他性明显高于后者。只有买了飞机票的实名用户才能凭证登机，而城市道路中在一般情况下是自由通行的，不会或不便设置太多的关卡来限制使用。同时，前者的竞争性也高于后者：不同的机型都有明确的座位限制，多一个顾客就少一个空座；而城市道路在不拥堵的情况下，多一辆车或多一个人，既提高了道路的使用率，却也不会带来太多的边际成本。因此，我们可以说，航空客运比城市道路有更低的"公共性"。不难理解，航空客运在大多数国家里都是由私有市场提供的，而城市道路则一般依赖政府的财政投入。

　　要注意到，即使是"公共性"的基础设施，其"公共性"也是在一定程度之内的。比如说，收费公路（或者收费专用车道）在一定的情况下是合理可行的，这时城市道路就有了明确的排他性。再者，如果道路通行能力满足不了车辆出行需求，每新增加一辆车都可能严重加剧整个系统的拥堵，造成时间、生产力和环境等的很多损失。这种情况下，超负荷的城市道路就有了竞争性，这也就产生了征收拥堵费用以提高设施使用效率的可能性前提。

2.1.2　where to benefit：受益范围

　　满足了"公共性"的特定设施需要政府的投入。那么，究竟由哪一层级政府（或公众）来担负相应的财政责任？这往往取决于设施受益的空间范围。假设一个简单的政府模型，只有中央政府和地方政府两级，公共财政决策分别制定，由相应范围的公众从理性自利的角度做出选择。那么可能有两种基本情况：

其一,公共服务的受益人集中在特定地域的话,设施成本理应由地方政府来支付。如果由中央政府买单,一方面,地方政府会有过分投入的倾向,因为花的是别人的钱,而得到的是自己的设施好处;另一方面,中央政府会有投入不足的倾向,因为整个国家的大多数人得不到相应的好处,也就没有相应的投资意愿。一个具体的例子是美国亚特兰大奥运会的申办和承办,没有联邦政府一分钱的投入,因为最集中的受益范围是亚特兰大都会区。以此对照,举全国之力而且没有预算限制的北京奥运会,及不久前申办成功的 2022 年北京冬奥会,就不免让人产生空间公平的疑问。

其二,公共服务的受益人分布在全国的话,设施成本理应由中央政府来承担。如果由特定地方政府负主要出资责任,可以想象,享受免费服务的其他地方肯定都希望有更多的相应投入,而负有出资责任的当地公众则不会有足够的动力。这让我想起改革开放以前的上海,因为绝大多数利润上缴国库,使得城市经济失去了发展的动力。

把这个原则应用到美国的交通设施方面,可以看看对各级道路的政府层级责任划分。首先,美国的高速公路网络,主要受益范围是全美,投入主体应该是美国联邦政府。其次,区域级的高速公路,受益范围主要在本州,应由州一级的政府来承担。这里可能存在很强的经济外部性,因为州内主要干道也部分服务于穿越本州的过境交通。因此,可以通过联邦政府的转移支付来提供一定补贴,以内化这样的外部性。在第五章将要详细讨论的实际资金安排中,也正是如此。

最后是地方性的街坊道路。其最主要的受益人是当地的房地

产业主,因为道路设施质量直接影响到他们的交通可达性和房地
产价值,因此,在美国往往依赖于地方政府的房地产税。仔细考量
的话,你可能还会注意到地方道路的其他受益状况,和这些状况对
应的往往也有合理的公众筹款范围,在分析明州案例时将再详细
讨论。不用说,地方道路也有经济外部性的,所以地方政府在相应
设施建设时,也能得到联邦和州政府的专项转移支付。

2.1.3　when to benefit:受益时机

各种公共服务或设施让公众受益的时机也各有不同。有的举措
着重于当期利益,比如政府日常运营、社会维稳或民生救助;有的设
施具有明显的长期效益,比如说修路造桥或者环境整治。分析设施
受益时机,有助于决定是否该使用现金流或者可以考虑债务融资。
一般来说,地方政府债务融资适用于对当地财力来说相对昂贵,并且
具有长期效益的设施,也就是通常所说的资本项目或资本设施。

假设有一个自给自足的小城市,主要财力来自自身税收(如年
度房地产税),平时就用于日常办公和简单的设施维护。某年突然
需要新造一座桥,成本是平时年度开支的 5 倍,可用设施寿命为 30
年。如果仅仅依赖现有资金流,那就意味着当年的税收需要增加 5
倍。以传统的美国式房地产税来分摊的话,也就是当年税率要提
高 5 倍,这是不太现实的。这时不妨可以考虑债务融资,也就是先
借钱用于该项资本投入,然后在未来的一段时间里逐步还清(债务
融资并不是唯一的办法。地方政府也可以用长期积攒的资本建设
资金来进行某一特定建设。)

债务融资还带来另外一个好处,即避免了设施受益的代际不公平。即使没有财政压力,如果用长期积攒或一次性拿出的现金流来建这座桥,也将产生一个公平问题:因为设施投入的负担在今天的居民身上,而受益人则是未来 30 年的设施使用者。在传统的东方社区里,这也许不足为虑,就当是前人种树、荫蔽子孙。可是现代社会的流动性很高,30 年的时间里居民构成可能就有很大的变化。如果有明显的代际补贴,现有城市居民就会缺乏对长期设施的投资动力。相反,分年逐步还清的资本债务,保证了设施成本在时间和使用群体上的合理分配。

很多国际经验表明,长期效益是地方债务融资的必要条件,却不是充分条件。也就是说,地方政府长期融资,不适合用于日常的政府开支,或者只适合用于当期利益的公共服务。从另一方面,有长期效益的资本项目可以考虑投融资手段,但也可能通过现金流支付,尤其是提供服务的政府层级较高的情况下,各地需要大量建设的时序可能不同,一定情况下平衡了不同年份的资金需求。政府借债融资伴随着多方面的成本,比如:(1)政治成本,包括政府不顾未来超前透支的可能;(2)管理成本,因为债务管理需要专业技能,对小规模的底层地方政府可能尤其缺乏;(3)市场成本,借债需要支付利息和其他发行成本,债务管理经验越缺乏、信用越低的政府的借债成本越高;(4)其他机会成本,地方政府负债能力是有限的,债务负担越高,将来可以继续发债的潜力就越小。在可以考虑融资借债的前提下,如何权衡利弊,决定采用现金流或者债务融资,是近些年基础设施财政的一个实证研究热点。

美国有很多资本项目也是用现有资金流来建设的。比如说，在交通设施领域，对债务的依赖就远比中国低。一方面，各级政府之间形成了一整套的资金筹划机制，解决了现金流财力不足的问题。另一方面，自从 20 世纪 60 年代贯穿全美的联邦州际高速公路网络建成之后，每年道路系统的日常维护和修缮也需要持续性的年度投入；从整个联邦来看，资金需求的时间峰值并不明显。

2.1.4　which mechanism to repay：受益回收机制

如果通过恰当的手段，让公共设施的受益人承担相应的成本，不仅在设施使用上是公平的，而且有助于促进资源的合理配置。一方面，公众可以根据设施的价格信号，权衡他们使用设施的成本和受益，据此做出相应的行为调整。另一方面，公共部门也可以通过公众的行为反馈，获取准确的公众需求信息，并做出相应的投资决策。政府的受益回收机制，通常来说包括强制性的税收手段、半强制性的使用费，以及非强制性的合作或协商获取。在这里，本书采用另外一种分类办法，按设施的受益人和受益情况衡量，区分三种回收模式：(1)广义的设施使用费；(2)全体公众的一般性税费；(3)面向业主或开发者的溢价归公。

首先是广义的设施使用费(user-fee approach)，即向设施直接使用者收取的费或税，例如使用自来水要缴纳水费，排放污水也要缴纳相应的排污费。在道路交通领域，最典型的设施使用者是机动车驾驶者，如果他们的受益(即路面使用)状况用燃油消耗来衡量，燃油税就是一种相对应的使用费。在美国联邦政府和州政府，这就是道路交通资金的主要筹集模式。尽管燃油税是一种"税"，在美国交通领域却被普遍看作是一种"使用费"（user fee），因为其缴纳程度和道路使用密切相关，符合使用者缴纳（user pays）的基本原则。（相反的一种例子，是美国某些名义上的"费"，却被判定为实质上的"税"，随后在资本预算一节会有所讨论。）

要注意到，燃油消耗并不是机动车出行从道路系统中受益的唯一衡量方式，而且随着新能源车辆的使用，正逐渐变得越来越不能准确反映道路使用程度。如果采用其他一些衡量方式，也都可以有相对应的使用费征收措施。以路面行驶距离来衡量，可以根据里程收费（在第5章会详细讨论）；以路面负荷或磨损来衡量，可以用专门按重量征收的卡车通行费或卡车轮胎税；以车辆类型衡量，可以实行分类别的车辆销售税或年度登记费；以道路通行权来衡量，可以有收费专用道或者收费专用路；以车辆行驶造成的排气污染来衡量，可以有车辆交通环境费，等等。这种种情形，都有实际使用或正在研究讨论中的例子。总体上看，这些都划入广义的设施使用费模式。

第二种常见模式，是面向全体公众的一般性税费（general-revenue approach）。政府财税可以笼统分为一般性税费和指定专用税费。没有事先指定特定用途的各种政府财税手段，先统一征收上来再重新分配的，就称为一般性税费。基础设施的改善不仅为设施的直接使用者带来了好处，也往往带动了整体的经济发展和社会进步。从这个意义上来说，可以考虑用政府的一般性税费，来支持基础设施建设。在交通设施领域，这是很多欧洲国家的通行模式。美国地方政府征收房地产税、地方销售税，或其他一般性税费,然后通过特定的预算程序,划拨一部分用于地方道路建设,或偿还用于相关建设的市政债券,本质上看,也是一般性税费模式。(有时地方政府征收特定的房地产税或销售税,并指定(earmake)用于道路交通,本书称之为一般性税费的专用化,是一般性税费模式的补充。在第 4 章会有所介绍。)

　　第三种模式是面向房地产业主或者开发者的"溢价归公"(value capture)。value capture 源于 19 世纪政治经济学家 Henry George 对土地税的研究和后人对其理论的积极推广。据说"溢价归公"的中文提法始于孙中山先生,也有人直译为"价值捕获"。在很多情形下,基础设施的改善,不仅便利了设施的使用者,还造福了出于特定区位的某些群体。具体说,因为新近获得的区位优势,他们的房地产价值上升了,或者获得更好的开发机会。在传统的使用费或一般性税费模式下,这些群体不需要承担额外的设施成本,他们的区位所得,例如因城市扩张所带来的城郊土地的价值暴涨,就成为所谓"无偿落果"(windfall benefits)。所谓的溢价归公,就是通过某些特定财税手段,合理有效地回收部分暴涨的区位价值,用于反哺基础设施建设。处在快速城市化进程中的中国,正处于试验各种溢价归公手段的"风口浪尖"。

2.1.5　at what level:受益回收定价水平

　　不管是采取直接收费还是间接的使用者付费(如燃油税),都存在设施如何定价的问题。经济学上的理想方案,是让用户使用费等于设施使用的边际成本。在这个前提下,不管从用户设施使用的角度还是设施投资的角度,都可以达到资源的合理有效配置。不过,除了经济效率的考量,设施的使用也应考虑社会公平。因此,一定情况下,可能出现项目间、地域间或群体间的补贴。

设施使用的边际成本不容易准确界定和衡量。对于一些设施,往往假设边际成本就等于设施的建设或监管成本,期待着收取足够的使用费来达到收支相抵。比如,居民使用给水排水等市政设施时,希望通过收取合适的用水费和排水费,来达到该项设施的自给自足。如果某些部门通过垄断定价来牟利时——例如所谓的"水老虎"现象,使用费定价太高,压制了公众的相关使用行为,造成设施的使用不充分。相反,如果使用费定价过低,则会导致公众对相关设施或资源的过度使用,在供不应求的背后往往伴随着巨大的浪费。

如果设施使用存在明显的经济外部性,边际成本还应该包括对其他用户乃至整个社会经济或环境的其他影响。从国际比较来看,美国的汽油税相当低,导致公众对私人车辆出行过度依赖。为了满足车行要求,需要建造更多的道路和停车场,造成了城市的低密度蔓延。可是,这种土地开发模式和交通设施的廉价使用,又进一步推动了私人车辆出行的增长。这种情况下,车辆使用的边际成本,不仅包括修路造桥的建设维护费用,还应包括拥堵时间的生产力浪费、燃油低效能使用的尾气污染和土地低密度开发的效益浪费,等等。近些年美国交通财政研究的一个持续热点,就是如何适当提高车辆使用的成本,不仅用来补贴设施投入,还可以直接调节公众对交通设施需求。(需求的经济学概念,天生离不开成本。

对某种物品或服务需求不是我们想要有多少,而是在特定价位上我们愿意"购买"多少。)

类似的"使用拥堵"现象,也普遍存在于交通以外的其他设施中。中国的一些国家博物馆是免费开放的,但是因为观展者人数太多,要排很长的队才能进入,而且缺乏安静从容地欣赏展品的环境。这种情况下,边际成本既包括排队的时间浪费,也包括拥挤下欣赏环境的损失。借鉴使用费调节需求的思路,不妨在每周特定时段对博物馆进行收费,甚者可以分时段采取不同价格。如此一来,来访者可以根据自己的时间价值,进行自然分流。

最后我们讨论设施使用费的公平性。公共财政的公平性往往从两个基本原则出发,一是受益公平原则(benefit-received principle),二是购买力公平原则(ability-to-pay principle)。如果从受益公平原则出发,由使用者支付相应的设施边际成本,就是公平合理的。但是,在公共政策分析时往往也要兼顾购买力公平原则。也就是说,对于收入水平不同的各个群体来说,要分析他们的相对税负是累进、成比例的,或是累退的。如果高收入阶层需要付出他们收入的较高一部分来享用某公共服务,那就是累进的(progressive);相反则为累退的(regressive)。大多数使用费都具有累退的特点,穷人在使用相应设施时需要缴纳的数额是一样的,但在他们的收入中的相对比重会高得多。尽管负担公平是个见仁见智的价值性判断,一般情况下,在设施使用方面,我们希望避免过度累退,也就是说要适当照顾低收入群体的使用需要。具体实施中,可对特定项目(如公交系统)、特定区域(相对不发达地区)或特定群体(低收入或老年群体)采用低于边际成本的使用费,也相当于一种隐形的社会福利补贴。

在出现设施补贴时,应当有理性的受益分析、适当的决策程序和必要的透明度。基于有限数据的个人判断,中国的高铁系统需要政府补贴巨额的初建成本和相当的运营成本。可是,因为普通铁路、动车和高铁之间的价格差异,高铁补贴的对象可能主要是发达地区的相对高收入群体。在高铁相关投入是否经济有效之外,也存在着巨大的公平性问题。

公共政策和管理的特定手段,都是在一定的制度框架里运作的。介绍明州的交通设施投融资,离不开相应的制度背景。接下来的几个小节里,将简单介绍三个方面的背景:(1)美国的财政联邦主义;(2)美国州政府和地方政府的资本预算和市政债券;(3)明州相比于美国其他地方的独有特点。

2.2　美国的财政联邦主义①

要介绍美国的"财政联邦主义",必须先从什么是美国"联邦主义"说起。规模较大的国家,如中国、美国和印度等,通常都有多层级的政府。层级之间政府权力的划分,有三种基本模式。首先是单一制(unitary)的政府,这种模式下不管有多少层级,权力的核心都集中在最高一层。中国是个典型范例,理论上有五层政府,中央、省、地/市、县/区、乡/镇,从上自下。这种模式具有高效

---

① 参见 Oates(1999)。

率的特点。如果有什么重要事务,统一决策、全国动员,上令下行,十分便利。和单一制截然相反的是邦联制(confederate)。典型例子包括原苏联,或美国内战时期的南方邦联,其特点就是地方政府有很大的自主权。整个邦联政府只是若干地方政府的松散组合。这些地方政府几乎像独立国家一般,而邦联政府只承担这些地方政府联合赋予(delegate)的某些责任。邦联制没有单一制那样的高效率,但是便于地方自主分散决策,可以根据不同地域的特点和偏好采取有差别的政策。以美国为代表的联邦制(federal),介乎单一制和邦联制之间,是中央权力和地方自主的一种折中。

简单来讲,美国有联邦政府、州政府和地方政府三层政府。地方政府包括县、市、镇、村等多种综合性地方政府,还有独立学区等特殊性地方政府。① 美国的联邦政府、州政府和地方政府,更多的是法理上的上下级关系,而不是政治或行政上的。因为各级有自己的民选官员和行政人员,彼此没有上下隶属关系。州政府和地方政府都可以有自己的法律,只要不违背上级政府已有的法律规定即可。联邦和州之间的区别是非常明确的:原则上,除了联邦法律明确规定禁止的,其他都是州政府自己的权力。州政府和地方政府之间的关系稍微复杂些,但也可大致分为两类:在实行"狄龙规则"(Dillon rule)的州,地方政府只有州政府明确赋予的有限权

---

① 不同的地方政府,不管地域大小或空间交叠,彼此没有上下级关系。有关美国地方政府的更多详细介绍,参见燕山大讲堂 118 期专题讲座:"美国地方政府如何运作?"http://view.news.qq.com/a/20110725/000040_6.htm。

力;在实行"家园自治规则"(Home rule)的州,地方政府则享有除
联邦政府和州政府明确禁止外的所有权力。[①]

通常所说的美国"联邦主义",指的就是这样一种政府层级相
对独立、各负其责的制度选择。而"财政联邦主义",就是联邦主义
在政府间财政关系的体现。具体而言,可将其概括为三点:(1)联
邦、州和地方政府,各有自己的独立征税权;(2)三个层级政府各有
自己的财政开支责任;(3)政府间转移支付,主要表现为上级政府
对下级政府以特定形式发放的拨款。

2.2.1 美国各级政府的征税权[②]

简单而言,美国联邦政府主要依靠的是收入所得税和雇佣收入
相关税,见图2.1。收入所得税包括个人收入所得税和公司收入所得
税。个人所得税的税率结构是累进的。也就是说,有很多个不同的
收入区间(tax brackets),对越高的收入区间收取越高的税率。以
2012年为例,对单身报税者而言,0至8700美元的税率为10%;8700
至35350美元的税率为15%;35350至85650美元的税率为25%;
85650至178650美元的税率为28%;178650至388650美元的税率
为33%;高于388650美元的部分,税率一律为35%。[③] 就大多数中
产家庭来说,个人所得税的边际税率(最高一个收入区间的税率)大

---

① 参见 Krane, Dale, et al.(2001)。
② 有关美国各级政府的税权和财政责任的划分,可参见 Zhao(2008)。
③ 有关美国联邦收入所得税的更多相关信息,参见 http://www.forbes.
com/sites/moneybuilder/2011/09/30/2012-federal-income-tax-brackets-irs-tax-
rates/

概在 15%—20%,平均税率为 10%—15%。对顶级收入者如比尔·
盖茨和巴菲特而言,其边际税率接近 35%。实际平均税率则取决于
他们各自的收入构成。公司收入所得税是按根据公司利润增收的。
尽管名义税率较高,实际收取的金额在联邦财税收入中所占的比重
却逐年下降,原因之一是税法中的很多漏洞给了公司很多避税空间。
雇佣相关税主要是"工资单税"(payroll taxes),就是根据工资数额另
外征收的社会保障税和医疗保障税,个人和公司各交大约 8% 左右。
个人收入所得税和工资单税都和个人收入直接相关。之所为分为两
种不同的税来征收,一个重要的原因是资金的使用:个人收入所得税
是没有事先指定用途的一般型税收,而工资单税则是专款专用于特
定社会福利和保障项目的。把个人收入所得税和个人缴纳的工资单
税都算上,大多数中产家庭从每年的工资里要直接缴纳的这部分税
收就高达 20% 左右。

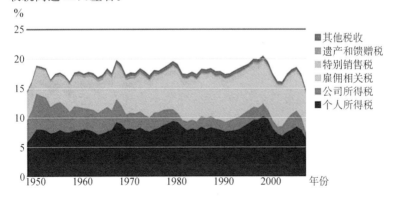

资料来源:http://blogs.reuters.com/felix-salmon/2010/12/06/chart-of-
the-day-u-s-taxes.

图 2.1　美国联邦政府各类税收占 GDP 的比重

美国各州都有独立的州税，主要依赖的一般是州销售税或者州收入税。图 2.2 显示的是 2011 年各州销售税（sales tax）的税率。[①] 和中国的价内消费税不同，美国的销售税是价外税，是在零售价格之外另加的。除了少数几个显示为白色的州，如阿拉斯加州、俄勒冈州、蒙大拿州等，其他地方都有州销售税。最高的是加州，销售税为 8.25%。请注意这些税率只是州政府征收的销售税，在不少地方，还要另加一层或好几层地方政府的可选销售税。最近几十年来，州政府对销售税的依赖日益加重，税率逐步上调。图 2.3 显示的是 2012 年各州个人收入税的最高边际税率。除了华盛顿州、阿拉斯加州、佛罗里达州等，绝大多数州都有各自的州个人收入税，就是在联邦政府个人收入税外另收的部分。如果想比较图 2.2 中各州的税率，有两点需要注意：首先，各州收入税的税基定义有所不同。比如说，在田纳西州，只对利息和分红收入征税的，工资收入则是免税的。其次，各种税率结构不同。有的州实行单一税率，例如密歇根州，不管收入高低，统一征收 4.35%。另外一些州实行累进税率，例如明州，图 2.2 中的 7.85%，只适用于最高收入阶层。即使是最高的州收入税，其税率也还是远远低于联邦收入税率的。

把图 2.2 和图 2.3 结合起来看，两种主要州税里，多数州都是一个高一个低，但也有两种例外。一是阿拉斯加州，既没有州收入税也没有州销售税，原因在于那里有充足的石油资源。由于近年

---

① 国内有人翻译为消费税。我不赞成，因为财政上另有 consumption tax 的概念，这里还是直译为销售税。

来国际油价的高涨,阿拉斯加州通过资源开采等相关税收得到了
丰厚的财政收入。在 2008 年,当美国其他州都为 20%到 30%的巨
额预算赤字而烦恼时,阿拉斯加州却有超过 100%的预算盈余,在
负担当年财政开支之外,不仅留下了足够的储备经费,而且给本州
每个居民派发了 1200 美元的税收返还。[①] 另一种例外是明州,其
州收入税和州销售税都很高,公共服务也相应比较齐备。在特定
的历史政治和文化传统下,明州居民选择了类似北欧国家那样高
税收和高福利的政府模式。

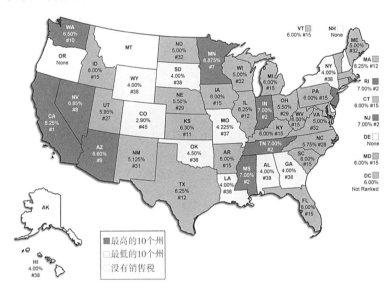

资料来源:http://taxfoundation. org/article/map-state-sales-tax-rates-january-
1st-2011.

图 2.2 美国各州的州销售税税率(2011)

---

① 有关新闻报道,详见《洛杉矶时报》(09/05/2008),"Palin gives and saves
amid big Alaska surplus", http://articles. latimes. com/2008/sep/05/nation/na-
surplus 5。

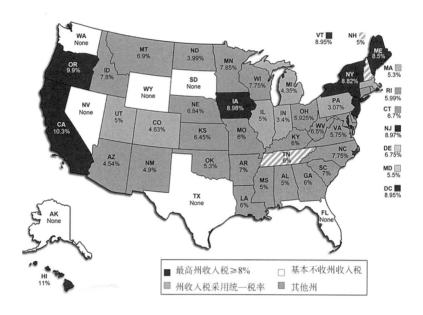

图 2.3　美国各州的州收入税的最高边际税(2012)

美国地方政府的主要财源是房地产税(property tax)。美国地方政府的房地产税有两大特点:第一,它是居民的一种年度"公摊"。别的税都是先确定税率后知道税收总额,而房地产税是先决定了今年需要多少钱,然后倒推出所需的税率,一般是按照各家房地产价值进行分摊。[①] 第二,居民的年度房地产税的数额是多重交叠的结果。美国除了 3000 多个县,还有城市、学区等各种形式的

---

① 更严格地说,property tax 应该翻译成财产税。在美国少数地方,property tax 的税基可能包含其他财产,如汽车和船只。不过,房地产还是 property tax 的最主要税基,所以这里还根据通常习惯翻译为房地产税。

地方政府,总共将近 9 万个。这些地方政府在空间上有很多重叠。例如,一个县里经常有很多个不同城市,而独立学区有时和县或某些城市的边界重合,有时甚至是完全不相关的另一套网格体系。① 在美国的每个居民都同时处于好几个不同地方政府的辖区之内。所有这些地方政府都需要有自主的财税收入,其中最重要的就是公摊下来的房地产税。所以同一个县里的不同地点,根据所属的其他地方政府,要缴纳的房地产税的总税率也多有不同。密歇根州是房地产税较高的州之一,在本人住过两年的 Washtenaw 县里,税率最高的达到房价的 3% 左右。就是说,一般中产家庭价值 30 万美元的房产,每年缴纳的房地产税就要近万美元。②

图 2.4 显示的就是美国各县的房地产税中位数。注意到这是中位数,而不是平均值。统计上,中位数更能反映一般情况,因为平均值很容易受个别极端数值的影响。数据分布越不均衡,中位数和平均值两者之间的差异就越大。从图 2.4 中可以看出,美国的县与县之间,房地产税的中位数相差极大。最高和最低数额就相差近 10 倍。大体上看,发达地区的房地产税远远高于不发达地区,除了房价地价本身的差异,其实也有税率的区别。比如说,纽约州和加州的房地产税平均税率,都远远高于美国南方较不发达

---

① 独立学区即 independent school district,在美国的多数州是单独的一种地方政府,不归县市所管。这些学区有自己的民选官员,收取自己的地方税用于自己所提供的公共服务(k-12 基础教育)。

② 密歇根州地方政府和房地产税的例子,详见燕山大讲堂 118 期我的专题讲座:"美国地方政府如何运作?" http://view.news.qq.com/a/20110725/000040_6.htm。

的阿拉巴马州和密西西比州。一般来说,一定地区之间的税收差异,是当地民众长时间集体选择的结果。房产税较高的地区,可能因为政府服务的成本较高,也可能是因为政府提供服务的种类更多、程度更高。因为税率透明而且相关决策公开,如果缴纳较高的房地产税不到"购买"到相应的公共服务,居民可能直接投票惩罚当任的民选官员,不然就"用脚投票",搬家到附近别的地方了。

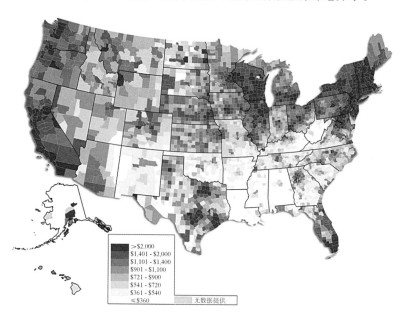

资料来源:http://taxfoundation.org/blog/latest-property-taxes.

图 2.4 美国各县的中位房地产税(2005—2009 年)

除了房地产税,这些年来地方政府也积极开拓新财源。具体而言,除了一些政府服务收费,也可能有地方可选销售税或者地方可选收入税。所谓"地方可选",就是说这些税都是地方政府居民(直接或间接)投票通过后,才可以额外征收的。直接投票的地方可选税,是以民众投票公决的形式来决定的;间接投票的地方可选税,则由民选代表们公开投票来决定。比起联邦或州的收入税和销售税,地方上的这些税收往往有低得多的税率,一般是 1%,0.5% 或者 0.25%。[①]

简而言之,美国联邦政府最为倚重的税基是个人收入所得(尤其是雇佣收入所得),州政府最倚重的税基是商业零售额(即使有收入税也比联邦低得多),而地方政府最为倚重的税基是房地产价值(即使有地方收入或销售税,税率也比联邦或州低得多)。这样的税收分工,其实内含着政府间财政关系的很多道理。

在美国讲课的时候,本人常让学生们想象这三种税基是不同水果,而各级政府都是不同型号的榨汁机,希望能多"榨"出些汁来服务公众。这就衍生出本人开玩笑时说的税收协调"三大果汁定律"。

首先,如果想得到尽可能多的果汁,就不能光榨一种水果,除非压得极干。从财政学上说,税基要广而多元,可以用较低税率得到较多税款,而且不影响物品间的相对价格,如此对经济的负面影响最小。[②]

其次,这几个榨汁机彼此分工,而且长幼有序,有个特别的"啄序"(pecking order)。就是说,联邦政府先挑了苹果(收入税),州政府又选了梨(销售税),对地方政府来说,那就只能靠葡萄(房地产税)了。在财政学上,这是避免税收的纵向竞争(vertical competition),避

---

① 有关地方可选销售税的更多信息,参见 Zhao(2005)。

② 这就是所谓的 revenue-raising capacity 的一条原则,详见 Musgrave and Musgrave(1989)。

免不同层级的政府在同一税基上过度重复征收。[①] 尽管有过很多讨论,美国一直没有增设联邦政府的销售税(或增值税)。原因之一大概就是不去和州政府争税。州政府和地方政府曾经都收房地产税的。20世纪初以来,州政府逐渐淡出房地产税,也为地方政府更多依赖房地产税留出了余地。

最后,不仅三个层级的政府有"啄序",三种水果也有"被啄之序",不能轻易相互替换。(联邦政府)收入税、(州政府)销售税和(地方政府)房地产税,正好按税基的流动性(mobility)来排列,这样就最低限度地减轻了税收间的横向竞争。三大税基里,收入的流动性最高,如果40%甚至更高的个人收入所得税率出现在某州政府,可以想象该州的富人群体将会大规模迁出。这样的高税率放在联邦政府则没有很大问题,美国公民和永久性居民即使短期居住在别的国家,也要向美国联邦政府纳税。就算像Facebook创始人之一Eduardo Saverin彻底放弃了美国国籍,也要一次性缴纳高额的"离开税"(exit tax)。[②] 销售税的税基是可征销售额(taxable sales),其流动性也相当可观。如果把明州将近7%的销售税放到某市如明州首府圣保罗市(St. Paul),该市的零售业将受

---

① 有关美国不同政府层级之间在财税的纵向财政竞争,详细的理论阐释见Oates(1999)。

② 一般来说,放弃美国国籍之前,要提交过去5年的详细纳税记录供审计。如果净资产超过200万美元,或者过去5年的平均年税额超过150000美元,还要进行资产清算并根据所有资产增值一次性缴纳资产增值所得税。参见福布斯(Forbes)的专题报道:"Thousands Leave U.S. Over Taxes-5 Rules If You're Tempted", http://www.forbes.com/sites/robertwood/2013/08/12/thousands-leave-u-s-over-taxes-5-rules-if-youre-tempted/。

到致命打击,因为多数民众只需开车十几分钟就可以到临近的其他城市去采购。在三大税基里,房地产的流动性最低,因为购置和保有房地产的行为不便在短时间内做出很大改变。因此,房地产税对地方政府而言是宝贵的唯一可以倚重的自主性独立财源。[①]

把三个层级政府的各种税费都加起来,美国政府的总税费负担,大概略超过 GDP 的三分之一,不过各州之间差异很大。比如说,在 2010 财政年度,明州的州政府和地方政府总支出占明州生产总值 gross state product,(GSP)的 20.8%,而得克萨斯州的相应比例是 17.8%。[②] 这样的差异,是在不同历史地理经济政治环境下,各州民众通过特定预算程序长期选择并不断调整的结果。

2.2.2　美国各级政府的财政开支责任

有很多媒体指出,美国总统到地方上是不受待见的。州长、市长不会陪同,反而会寄上一张账单,因为有关活动增加了警察工作负担,需要付加班费。这里面当然有政治上的原因,比如说前几年美国总统奥巴马竞选连任前来明州参加民主党全国大会,时任州长的 Tim Pawlenty 是引人注目的共和党新秀,他当时的个人政治目标就

---

① 即便是房地产,也有一定的税基流动性。土地不能移动,但是房屋建设的投资活动可以在较长时间内移动。因此,对地方政府来说,最可倚重的税基是土地。美国不少地方在探讨从一般性房地产税向更纯粹的土地税的转变,原因也就在这里。

② 更多相关数据,可以查看 http://www.usgovernmentspending.com/。美国还有很多不同机构,定期发布各州税收负担的比较或排名。因为统计口径和分析方法的不同,结论上也各有不同。比较有名的是 Tax Foundation 的一份报告,详见 http://taxfoundation.org/article/state-and-local-tax-burdens-all-states-one-year-1977-2010。

是代表共和党竞选总统,自然不可能鞍前马后地陪侍。另一个重要的原因,是美国的各级政府各司其职,因此也没有上级政府的领导来"指导工作"一说。就财政联邦主义而言,具体的体现就是联邦政府、州政府和地方政府在财政开支上有明确的分工。

美国联邦政府主要负责联邦独有的一些职责,例如国防、外交和造币,以及带有较多收入再分配职能的社会福利项目和保障项目。图 2.5 显示的是 2012 财政年度(以下简称 FY2012)美国联邦政府 10 个类别的支出划分。总额约 3.8 万亿美元,既包含联邦政府的直接支出,也包括这些方面联邦政府向州政府和地方政府的各种拨款。图例按当年各个类别的开支大小排列,便于查看和讨论。如图 2.5 所示,国防支出是最大的一个类别。不过,该比重在最近几十年来呈明显的下降趋势,在 20 世纪 70 年代时还占据整个联邦政府的一半多,现在只占四分之一左右。国防以外的三个主要开支类别分别是医疗健康、退休养老和社会福利。这些再分配政策项目加起来占了联邦政府将近 60% 的开支。除了国防、医疗健康、退休养老和社会福利,其他开支类别的规模都要小很多。其中,交通类别(transportation)只占联邦支出的 3%,在这部分支出里,路面交通(ground transportation)占了大多数,但也包括航空管制和航道管理等。在最近几个世纪里,交通支出的比重一直比较稳定在联邦政府总开支的 2%—3%。即使在近些年的联邦经济激励下,也未见显著的变化。不过,这些交通经费绝大部分都是通过拨款形式发放到州或地方政府的,并不是联邦政府的直接支出。

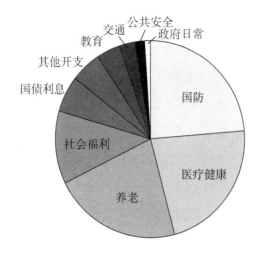

资料来源：http://www.usgovernmentspending.com/year_spending_2012USbf_
13bs1n_50♯usgs302.

图 2.5 美国联邦政府的支出结构（2012 财政年度）

在 2012 财政年度美国各州政府的直接支出大约为 1.4 万亿，图 2.6 显示了主要支出结构。所谓直接支出，就是说数据里包含了联邦政府给州政府的转移支付，同时扣除了州政府给地方政府的转移支付。图 2.6 中的类别划分和图 2.4 一样，不过图例颜色和次序按州政府一级的开支大小重新做了排列。从图 2.6 上可以看出，笼统的社会福利和保障项目占了州政府直接支出的一半多。不过这里包含了联邦政府的间接支出，尤其是其中的健康保障项目，有大半是联邦政府拨下来的钱。与联邦政府不同的是，州政府在教育和交通这些广义的基础设施上更为重视。教育在州政府支出里占了将近 18%，主要是支持公立大学系统的日常运作和重大基建项目。虽然看上去是不少钱，但该比重一直在逐步下降。在很多公立大学里，州政府拨款曾经占年度预算的

30％—40％,近几年已经跌到了15％—20％。[①] 州政府在基础教育里(所谓 K-12,就是学前班 kindergarten 到 12 年级,一共 13 年)上的投入远比高等教育大,而且呈上升趋势。但是这笔钱绝大部分是以转移支付的形式拨给地方学区的,所以没有包括在这个图中。交通设施占州政府直接开支的 8％ 左右。这里头其实也包含了两部分,即联邦政府的转移支付和州政府自筹的交通经费。两者比例在各州之间有很大差异,很大程度上取决于各州对交通设施的重视程度,比如说,是否乐意提高自己的州汽油税税率或增设别的交通专用款等。

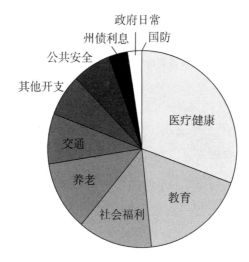

资料来源:http://www.usgovernmentspending.com/year_spending_2012USbf_13bs1n_50♯usgs302.

图 2.6 美国州联邦政府的支出结构(2012 财政年度)

---

① 州政府的高等教育拨款在过去几十年里显著下降,与此同时公立大学的学费普遍上涨。更多的相关数据,参见 Center on Budget and Policy Priorities 的报告,Oliff(2013)。

我们最后看到的是地方政府的直接支出。美国将近 9 万个地方政府，分为两大类：其一是综合性地方政府，包括市、县、镇等，提供的是一揽子多种多样的公共服务；其二是特别性地方政府，一般只提供单一的公共服务，典型例子为独立学区（independent school districts）。这些地方政府在 2012 财政年度的总开支约为 1.7 万亿美元（详见图 2.7）。最大的单项支出是基础教育，占了所有地方政府总开支的 40% 左右。这就是刚才所说的 K-12 基础教育，主要是由独立学区这种特别性政府来负责的。直到几十年前，地方政府的基础教育开支绝大多数依靠地方房地产税。因为学校的质量直接影响学区房产价值，由房地产税来支持基础教育，从经济效率的角度是合理的。但是，不同学区之间的房地产价值相差极大，单纯靠地方来支持教育的模式导致学区之间巨大的财力差距。

从 20 世纪 70 年代以后，出于教育公平度考虑，在相关的法律和政治压力下，州政府逐步加大了基础教育投入，这方面的转移支付已经在规模上和地方自主的教育经费大体相当。[①]

对于综合性的地方政府来说，最主要的职责则是公共安全和交通。公共安全包含警察、消防和地方执法等，占地方政府总支出的 10%。地方政府的直接交通支出大约占 8%，这部分开支主要有两个特点：第一，地方交通经费是联邦政府、州政府和地方政府财力的结合。来自联邦政府的拨款，可能包括针对特定项目的

---

① 详见美国联邦教育部的网站上的报告：U.S. Department of Education (2005)．

专门拨款,或者是社区发展转移支付的一部分。来自州政府的
钱,往往是通过公式划拨的交通专项拨款。地方政府的自筹交通
经费,可能来自一般性税费的预算划拨,交通专用收费,或额外增
设的房地产税、地方可选销售税等。地方政府也可能发行市政债
券来支持交通,不过归根到底还是要通过上面所说的这些资金方
式来偿还。第二,地方交通支出的侧重点和州政府不同。在地表
交通的三个方面,州政府的直接交通支出主要集中于在高速公路
系统,而地方交通支出则更多地考虑了公交设施和地方道路。

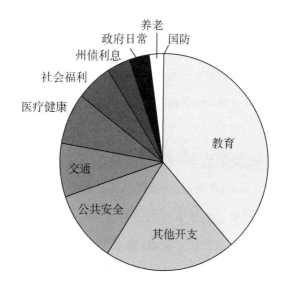

资料来源:http://www.usgovernmentspending.com/year_spending_2012USbf_
13bs1n_50#usgs 302.

图 2.7　美国地方政府的支出结构

简单总结一下,美国联邦政府除了国防之外,最大的开支类
别是医疗健康、退休养老和社会福利等。州政府的直接开支里,

除了执行和延伸联邦政府的社会福利和保障项目外,重视高等教育投入和交通设施。地方政府的直接开支里,最大部分是得到州政府补贴的公共基础教育,紧接的就是各种公共安全支出和交通支出。单从交通财政的角度,最主要的直接支出层级是地方政府和州政府。所涉财源来自联邦政府、州政府和地方政府的多种财税手段,及复杂的转移支付划拨。在支出类别上,又有高速公路、公交系统和地方道路等区别。其中有很多的细节,在第3章到第5章里,再以明州为例做进一步的讨论。

2.2.3 美国的政府间转移支付

美国各个层级的政府各有自己的税收,也各有财政支出的重点。不过,自有财权和直接支出的事责在各级政府里也不总是直接匹配的,因此也需要有政府间的转移支付。前面提到联邦政府FY2012的支出是3.8万亿美元,其中15%左右是提供给州政府和地方政府的拨款。对州政府来说,这几十年来联邦政府的拨款上升很快,已经达到州政府总财政收入的30%左右。对地方政府来说,将近5%的收入来自联邦政府拨款,将近15%的收入来自州政府的拨款。特别性地方政府如独立学区,对联邦和州政府贷款的依赖度可能超过一半以上。[①]

转移支付制度的实施,可能出于不同的财政逻辑。首先,是因为上级政府往往有较高的征税便利性。比如说,与其联邦政府、州政府和地方政府都征收类似的个人收入税,远不如让联邦

---

① 有关美国各层级政府间的转移支付,参见 Shah and Boadway(2006)。

政府独家征收后,再以一般性转移支付的方式,部分返还给州和地方。一方面,联邦政府独家征收有经济规模效应,平均运作可能较低。另一方面,由上级政府征收,最大限度地避免了税基流动性所造成的消极横向竞争(例如产业异地发展的零和竞争),以及由此造成的税收流失和效率损失。遗憾的是,近几十年来,美国的财税政策走的却是相反的一条路线。因为选票政治的原因,联邦政府热衷于降低个人收入税,同时把一些财政责任或明或暗地往下推。而州政府不得不"唱黑脸",导致州收入税的普遍上涨,甚至连一些地方政府也征收自己的收入税。从整个税收系统的角度看,这其实是很不经济合理的一种转变。

其次,转移支付也可能出于政府开支中的效率或公平考虑。从效率上说,不少地方开支具有经济外部性,也就是说其受益超出地方政府范围。通过转移支付进行补贴,可以内化这种正向经济外部性,避免地方上投入不足的倾向。从公平角度看,转移支付经常带有一定的均等化功能。从个人层面上,很多项目对收入较低的群体会有所倾斜,以降低社会资源占有和分配的不平等而造成的贫富差距。从政府层级上,上级政府对财力较弱的下级政府往往也会有所照顾,避免这些地方过重的财税负担。具体的拨款政策,效率和公平的目的往往交织在一起,尽管两者可能轻重有别。

近些年,美国联邦政府最大的转移支付是健康保障项目,占联邦政府给州政府和地方政府所有转移支付的40%多。其中,相当部分用于补贴无保险低收入者的医疗费用,比如紧急医疗救助(emergency Medicaid),具有明显的公平性。另外如预防性的医疗开支,则有很强的经济效率考量,可以避免疾病扩散所带来的更大社会经济损失。州政府最大的转移支付是 K-12 的公立基础教育,占了州政府给地方政府所有转移支付的一半多。从效率上说,地方政府(即学区)的教育具有外部性,所以适合有上级补贴。从公平上说,因为学区之间的自有财力很不均衡,州政府和地方政府联合支持基础教育,更好地保证了教育这种基本公共服务一定程度上的均等化。

在 2010 年,联邦政府给州政府和地方政府的交通拨款占所有联邦政府转移支付的 8% 左右。其中包括几种不同的形式,如联邦政府面向州政府的公路信托基金公式化划拨、联邦政府面向地方政府的社区发展拨款项目(可以部分用于交通),以及在联邦政府年度预算中对个别交通项目的专项资助(earmarks)。州政府给地方政府的交通拨款因地而异,很大程度上取决于各州不同的交通资金投融资渠道。到第 4 章时,我们再以明州为例做详细讨论。

上一节提到,美国总统到地方政府是"不被待见"的,这很大程度上和美国转移支付的决定机制有关。相当大的一部分上级拨款,比如联邦政府给州政府的医疗保障经费,都是由公式决定的,因此没有中国式"跑部钱进"的说法。这不是说美国没有政治上的利益划拨,而是形式上有所区别。中国也许有更多项目上的微观管理,能具体影响到特定地方政府或特定个人。美国法律化公式化的"粗线条"决策,更多地影响到整个行业领域。美国的华盛顿特区没有州政府和地方政府的"驻京办",但有大量行业性(比如医疗或石油业)或群体性(比如退伍兵协会)的游说团体。这些团体对联邦政策的影响很大,但较难针对性地影响到个别公司或个人。即使是非公式化的一些项目拨款,一般来说总统不会也不便于基于个人好恶而给予直接干预。①

2.3　美国的资本预算与市政债券

政府怎么收税、怎么花钱,都是重要的公共政策。政策决定、实施和调整的程序,往往比特定政策的本身好坏更为重要。世事多变迁,而人力有穷尽。即便是最英明的领导、最高明的智囊或是最懂行的专家,也不见得能全面考虑到政策的方方面面,或与时俱进随时做出必要的调整。相反,在透明参与的决策程序下,有可以不断微调的机制,长期来看才是政策制定和实施的最佳途径。这一小节的目的,是简要介绍美国预算决策的程序,尤其是和交通设施投融资最密切相关的一些方面。共分三点:(1)美国联邦政府的预算程序;(2)州和地方政府的资本预算;(3)市政债券。

2.3.1　美国联邦政府的预算程序

很多时候,美国政府显得比中国要"官僚"得多。图2.8显示的是美国联邦政府的年度预算程序,完整的一个周期包括四个阶段,要跨越4年之久。第一阶段是长达一年的行政预算准备,即联邦各机

---

① 首先,总统没有这样干预的动机。待见与否不重要,民选官员最在意的是支持率和选票;第二,总统并没太多直接干预的能力。预算中的项目拨款更多地取决于议会的各种特定委员会;第三,即便总统有动机、有能力,在媒体的监督下,往往也不敢这么做。

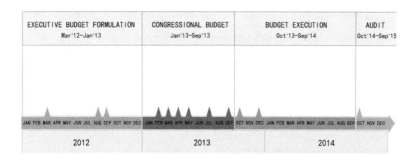

注：美国联邦财政年度（FY）开始于 10 月 1 日，到第二年的 9 月 30 日结束。

资料来源：http://www. pgpf. org/Media/Interactive/2012/05/30/Interactive-Budget-Timeline.aspx.

图 2.8　美国联邦政府 2013 财政年度的预算周期

构先向美国行政管理和预算局（Office of Management and Budget，OMB）提交部门预算申请，经 OMB 统筹之后，由总统向国会正式提交预算草案（budget proposal）。[①] 第二阶段是预算审批，通常也要大半年之久。这里主要涉及三方人士，一是国会预算办公室的专业人员，二是联邦参众两院的议员们，三是最后签字的总统。国会预算办公室（Congressional Budget Office，CBO）是 1974 年设立的、为国会提供服务的专业队伍，和总统那边的 OMB 分庭抗礼。早在总统那边准

　　[①]　由行政首脑来提交预算草案，这就是所谓的行政预算（executive budget）制度。在将近一个世纪以前，美国联邦政府各个部门可以直接向国会申请拨款。国会财政大权在握，而总统在联邦开支上却没有多少发言权。更根本的问题是，联邦政府没有一个统一的年度预算，缺乏全盘考虑机会，也无法实施有效控制。1921 年通过的《美国预算和会计法》对此进行了改革，专门成立了美国预算局（Bureau of Budget，BOB，也就是 OMB 的前身），并规定只有总统才有权向国会提交预算申请。美国的很多州政府和地方政府，也先后采取了类似的行政预算制度，就是只有首席行政长官，如州长或市长，才能向该级的议会提交预算申请。

备行政预算的阶段,CBO也忙着收集相关的信息,对全美经济和预算形势做出独立判断。收到总统预算草案后,CBO负责深入审查,并提出质疑或修改建议。不过,更多的预算讨论是通过两院议员们步骤繁多的争论和投票来进行的。开始时,要达成一个两院都能认可的预算框架(budget resolution),确定大致开支总额和各种项目的优先程度。然后在参众两院分别组织十几个专题委员会(比如军事、环境、交通等)进行讨论,起草修改相关拨款条例并投票。最后,如果需要调整现有财税法律,还需要两院协同再进行一轮的预算综合调整(budget reconciliation)。有幸在参众两院都通过的预算条例,才会被送到总统案头,期待签字后正式生效。总统有整体否决的权力,却没法对其中的个别条款进行删除或修改。国会通过的条款遭总统否决的话,参众两院若能争取到绝大多数支持(75%的票),可以强行通过,否则只好重新开始讨论。国会审议预算的这些详细步骤,都希望在10月1日新财政年度开始前能完成,否则联邦政府就有暂时关门的危险。第三阶段是财政年度中对预算的具体实施,其中包括季度性的拨款安排和可能性的预算中期调整。第四阶段则是财政年度结束以后的审计阶段,主要由美国的政府绩效委员会(Government Accountability Office,GAO)负责。①

---

① GAO的全名原来是General Accounting Office,后来在2004年改成了Government Accountability Office。从名称上可以看出,原来的职责主要是联邦政府的财务审计,现在关注面更广,注重于分析评估联邦政府各个方面的绩效。GAO的首席长官称Comptroller General of the United States(也许可直译为美国总审计官),经总统提名、国会通过而就职,任期达15年之久。这就保证了GAO可以超然于任何总统,独立审核评估联邦政府各部门的运作。有关GAO的更多介绍,见GAO的官方网站:http://www.gao.gov/。

这么"官僚"的年度预算程序下,可能调整的却只是联邦政府年度开支中的一小部分。最近几年的联邦开支,在 3.8 万亿美元里,一半以上是社会福利为主的强制性支出(mandatory spending)。这些项目是法定的,满足特定标准的个人或组织就可以依法享受(entitle to)相应开支,除非联邦政府通过相关的法律修改。此外,每年还有大笔的国债利息支出,因为美国联邦政府的国债总额高达 15 万亿以上。除去这些必要性的开支,真正需要年度预算讨论的自主性开支(discretionary spending)就只有 1.5 万亿美元左右了。就算这 1.5 万亿美元支出,其实也不是都取决于当年的预算决定。美国联邦政府的不少新设项目或重大开支,都需要两个步骤的预算决策。首先需要国会通过包含若干财政年度的授权(authorization),然后根据授权考虑每一年的具体拨款额(appropriation)。以联邦交通拨款为例,最近的一次授权叫 SAFETY-LU(全称是 The Safe, Accountable, Flexible, Efficient Transportation Equity Act: A Legacy for Users),确定在 FY2006—FY2010 期间总额为 2860 亿的联邦交通支出。每次制定预算时,再根据该授权确定该年度的具体交通拨款,包括联邦公路信托基金对各州的公式化划拨(provisions),以及一些特定项目的专门拨款(earmarks)等。

特定交通项目的拨款,在美国往往深受诟病,被认为是肮脏的政治交易下的资金浪费。这里涉及到很有美国政治特色的两个词儿,"猪肉桶"(pork barrel)和"滚原木"(logrolling)。所谓"猪肉桶",也就是政治分肥,指议员们在国会制订拨款法时将钱拨给自己的州(选区)或自己特别热心的某个具体项目,做为选民政治支持的回报。① "猪肉桶"式的专门拨款一般用于某地区的特定项目,他们多数是在国会专项委员会进行部门讨论的时候加进入的,往往不须经过正常的委员会或全院大会辩论。议员之间往往基于利益交换,互相支持彼此的"猪肉桶"。你支持我选区的指定开支,我也投桃报李赞成你的额外项目,这就称为"滚原木"(logrolling)。

这些专项支出占了美国国会拨款的相当数额,在显著的局部利益背后,往往被认为是国家整体利益上的巨大浪费。但是,总统所代表的行政部门对此却缺乏有效的防范措施。原因之一是总统在每年国会通过的预算拨款上,一向只有整体的否决权,却没有对单项支出做出否决或修改的"单项否决权"(line-item veto)。一般来说,国会每年通过的十几个拨款条款,往往都有很长的篇幅。指定项目的专项拨款一般都不是关键性问题,就单个而言在总预算的比例又不高,总统通常也就"睁一只眼闭一只眼"了。1996年美国专门通过了 Line-item Veto Act,给予了美国总统单项否决权,主要目的就是为了遏制不断增长的"猪肉桶"开支。短短一两年,当时的克林顿总统就借此取消了 11 个预算法案中的 82 项指定开支。然而,这项法规在 1998 年就被美国最高法院裁决为违反宪法而取消。据说最主要的顾虑就是单项否决权使得总统在预算决策过程中比起国会占据了太多优势,担心权力过于集中导致滥用。

---

① "猪肉桶"一词的由来众说纷纭。有人说,在美国南北战争前,南方种植园主家里都有几个大木桶,腌着好多猪肉。逢年过节的时候,庄园主就乘着马车巡游,"人人一块、见者有份",分给各地的奴隶,以此换取他们的合作和继续努力。

也就是说,一方面是政治分肥带来的资金浪费,另一方面是遏制分肥可能导致的行政权力过高,由此,美国联邦法院"两害相权取其轻",宁可接受可能的浪费,也不愿意看到缺乏制衡的权力过度集中。[①]

简单总结,美国的联邦政府预算划拨里,除了下文还会重点讨论的公式化划拨,也有一些政治分肥式的利益争夺。其中也有浪费,或者各种争议。和国内"跑部钱进"不同的是,美国专项拨款的决定权不在行政部门,而在民选议员的预算协商中,是他们在特定程序下公开较量的结果。相比之下,美国联邦行政部门,甚至总统在预算过程中的权力都受到明显的制约。

2.3.2　州政府和地方政府的资本预算

大体上看,美国州政府和地方政府的预算程序和联邦政府的很接近。比如说,也可以划分为行政预算准备、议会预算审批、预算执行和后期审计这四个阶段。在预算准备阶段,行政部门先向州长(或市长、县长、学区主席等)提出预算申请,然后一般由州长等各级行政首脑正式向议会提交。只有少数情况下,才允许部门直接向议会提交经费申请。在预算审批阶段,扮演主要决策角色的,同样是州政府和地方政府的议会,虽然在细节上各有一些不

[①]　在美国的大多数州,州长们是有预算的单项否决权的。就这点来说,他们在本州预算过程的影响力,比总统牛得多。可是,实证研究却表明,州长们在实施单项否决权时,往往不是用来遏制浪费,更多地是作为党派政治的一种手段(比如说,用来敲掉反对党所支持的一些项目)。这么看来,美国联邦法院的裁决,也许不失为深思熟虑的结果。

同。和联邦政府相比,州政府和地方政府的议会规模较小,专业性较弱,决策程序往往没有那么正式和繁琐。联邦国会议员是全职的,在多数州政府和地方政府,议员是兼职的,平时各干各的,每年只有特定的会期才凑在一起。在权力纷争方面,多数州有类似联邦的参众两院,起到把锁相互制衡的作用,而且也明显的两党竞争;在地方一级则简单得多,往往就是一个议会,党派竞争的色彩也弱一些。在预算执行和后期审计阶段,各州各地的具体程序和做法也大同小异,这里不再详述。要注意到,美国州政府和地方政府的各种具体预算程序五花八门而且不断调整,并不是联邦政府预算法规定的结果,而是基于一些简单的政治原则下(比如,权力制衡、透明空开和民主决策)长期发展演化的结果。我们在这节想重点讨论的是州政府和地方政府不同于联邦政府的两大预算特点,即政府日常运作的平衡预算规则和长期设施的资本预算单列。

1. 平衡预算规则

平衡预算规则(balance-budget requirement,BBR),就是说美国州政府和地方政府的日常运作,必须在本预算周期内收支平衡。这里只说"预算周期",因为有的政府实施年度预算制,还有的实施一次包含两年的双年预算制。为简单起见,以下只说财政年度。所谓"收支平衡",是指在财政年度的预算里,政府必须收支相抵。实际运作中,年末出现很小比例的财政盈余或赤字是可能的,但是不允许在预算中累积财政盈余或赤字。① 美国的 50 个

---

① 一些特殊性账户除外,比如说,州政府和地方政府可能设有应急储备的雨天资金(rainy day fund),在出现财政困难时帮忙平衡预算。

州,除了佛蒙特州(Vermont),都在本州宪法或法律中,以不同形式规定州政府必须平衡预算。即使是佛蒙特州,在预算实施中也通常遵守平衡预算规则,从 1991 年以来,该州每年通过的预算都是平衡的。

对美国地方政府来说,平衡年度预算的约束更为严格。地方政府最为重要的自主税源是房地产税(property tax),其实质就是用来平衡年度地方预算的"公摊"。也就是说,把政府年度财政支出减去其他途径的收入(不管是转移支付,还是警察交通罚款所得等),就是需要用房地产税来弥补的年度财政缺口。这个缺口,在地方政府辖区内按照房地产的评估价值来分摊,就是各家各户当年需要缴纳的房地产税。事实上,平衡预算规则对地方政府的约束力,比对州政府还更厉害。碰到预算困难时,州政府在财政上还能耍一些小手段(gimmicks),比如削减给地方政府的转移支付,或者把一些财政职责踢皮球推给地方政府,从而转嫁部分财政危机。而地方政府处在联邦体系的最下游,就只能实实在在地承受危机,如果不能提高房地产税,就只好裁剪开支包括裁员。因此,有人说美国地方政府的预算是资金预算(revenue budget),因为地方年度开支的规模很大程度上取决于地方政府的财税能力。

国内的财政届有"以支定收"的说法。就是说,为了平衡预算,需要根据必要的开支规模来确定征税额。美国的地方房地产税的"公摊",看上去是典型的"以支定收",而实际上,地方开支规模的确定,不是议员们凭空拍脑袋的结果,受制于房地产税的征收能力和政治阻力。超过了民众接收范围的房地产税率,在公平参与的议会决策过程中是没法通过的,否则,民众很快就会选举出新的一拨议员,来代表他们的意愿投票。

国内读者对美国地方政府在财政困难时的裁员减支可能有所疑问。其实,在美国除了联邦政府,州和地方层级政府都没有所谓"铁饭碗"的"公务员",而只有"政府雇员"。上至部长、部门主任等非民选的政府部门官员,下至于政府扫地倒垃圾的清洁工,还包括消防员和公立学校的教师,只要领取州政府和地方政府的工资,都算是相应级别的政府雇员。在面临财政预算危机时,都一样有随时下岗的可能。① 根据美国华盛顿邮报在 2010 年的报道,在 2008 年开始的经济和财政危机里,整个美国就有超过 30 万的中小学教师下岗。②

为什么美国的联邦政府可以运行赤字,而州政府和地方政府需要平衡预算? 笔者的个人观点为,在美国这样的民主社会中,政府平衡预算本身就是一个政治上的默认缺省设置。政府运作的本质,是由"少数人"在替"大多数人"花他们的钱。如果政府预算不需要平衡,那就随时存在政府开支失控的危险。真正值得问的,是完全相反的一个问题:为什么美国联邦政府可以违反这么一个默认值,而竟然被允许预算不平衡? 有人认为,是因为联邦

---

① 美国公立大学的终身教授(tenured professors),算是公有部门少有的"铁饭碗"特例。究其实,这饭碗也不是绝对的"铁"。所谓的"终身教授",一般来说,是只要所在系还存在,其职位就能保持的。发生严重危机时,"覆巢之下,岂有完卵",这几年,在美国大学里就有整个系解散的例子,非常惨痛。

② 详见华盛顿邮报(06/13/2010),"Obama Pleads for $50 Billion in State, Local Aid", http://www.washingtonpost.com/wp-dyn/content/article/2010/06/12/AR2010061204152.html.

政府可以发行货币,因此不怕财政赤字;也有人说,是因为联邦政府有宏观经济职能,必要时可运行赤字或盈余来"熨平"过大的经济波动。其实,每一个回答的背后,都可能扯出更多质疑。负责发行钞票,不见得可以随便加大大钞票发行量,否则导致币值下降,其实就是变相税收和更为无耻的财政掠夺。宏观经济理论认为联邦政府在经济危机时应该支大于收。然而,在经济形势见好的时候,却很少看到美国联邦政府用盈余来降低国债总额。近些年来,美国联邦国债剧增到了17万亿美元,一次次地突破原来设定的国债上限,促使美国联邦政府正视持续联邦赤字这个问题,并筹划各种方案以切实削减赤字。[1] 是否应该修改美国宪法,也要求联邦政府平衡年度预算? 有关争论还将长期持续下去,已经超出了本书的范围。[2] 但笔者肯定的是,有关争论还将长期持续下去。从政治问责的角度,对联邦政府的年度赤字有更为严格的规范,还是应该的。

2. 资本预算单列

州政府和地方政府必须平衡日常预算,指的是他们不能靠借债维护日常开支。但并不是说州政府和地方政府都不能借钱。事实上,美国的州政府和地方政府或多或少会有一些长期债务,只是这些债务只能用于资本项目(capital projects)开支,显示在单列的资本预算中(capital budget)。资本项目例如修桥造路铺设给排水等等,通常有两个特点:一是有长期效益。设施一旦完成,使用周

---

[1] 参见互联网上的 US Debt Clock,http://www.usdebtclock.org/.

[2] 参见 Greenstein and Kogan(2011)。

期可能长达三五十年；二是相对昂贵，也就是说，其负担是政府当年预算所无法轻易吸收的。[①]

　　资本项目有长期效益，如果通过地方政府日常预算，完全依靠现收现支，则存在不公平的现象。当前的纳税人买单，未来的居民使用者享用，两者之间不匹配。设施费用纳入当前日常预算，必然存在投入不够的问题，因为纳税人缺乏补贴别人的动机。其次，资本项目相对昂贵，这就决定了把资本项目单列，在更长的时间维度里统筹的必要性。前面说了，地方政府的房地产税本质上是一种年度开支的公摊。如果某项昂贵的设施投入要在当年预算里平衡，必然意味着当年房地产税的税率大大提高。这样的决定能通过的政治可能性极低。基于这两点原因，州政府和地方政府资本项目的开支都纳入资本预算，和年度日常预算分开。具体的做法一般是在每年决定日常预算的时候，也通过单独的一份资本预算（或称资本项目改善计划）。计划里往往涵盖 5 年甚至更长时间，然后逐年修订。[②]

　　跟州政府和地方政府不同，美国联邦政府是没有资本预算的，基础设施和其他长期投资也包含在联邦政府年度预算里。这样的机制差别大致可从几个方面来理解。首先，联邦政府没有平衡年度预算的限制，可以随时（通过美联储）增印美元、发行国债，以弥补年度赤

---

　　① 资本项目除了基础设施，也可能是大型设备的购置。例如，大批警车的政府采购，对小型地方政府来说可能就是相对昂贵的长期投入，往往也列为资本项目。

　　② 有关资本预算程序或资本项目改善计划的细节，参见纽约州政府网页，http://www.osc.state.ny.us/localgov/training/modules/capplan/one/index.html。

字。而州政府和地方政府只有把资本预算单列，才有可能做到年度日常预算平衡。其次，对基层政府来说，基础设施和其他长期支出有很大的波动性，常常集中在个别年度，只能通过资本预算在更长的时段里进行统筹。而对联邦政府来说，因为服务层级更高、总体规模更大，这些长期项目的划拨相对平稳，不存在太明显的波峰波谷，也就不需要进行跨时段的安排。当然，该不该在联邦政府也增设资本预算的争论，在美国一直没有平息。支持者称，联邦政府增设资本预算，相关决定程序也和年度日常预算分开，也许有助于扭转美国基础设施投入不足的困境。反对者则认为，联邦基础设施开支的投入产出效率，很可能被片面夸大了。[1] 在联邦政府长期赤字运营的情形下，如果联邦政府增设资本预算，相当于开了新的一个借债途径，将使美国居高不下的国债更为恶化。

2.3.3　州政府和地方政府的市政债券

美国州政府和地方政府不允许借债来平衡年度日常预算，但他们可以在单列的资本预算通过发行债券来长期融资。这里有两点补充说明：首先，这不是说地方政府的日常预算都不能借债。比如说，政府以税收应收款为抵押，可以进行短期拆借补充短期现金流。因为当年之内现借现还，不会影响地方政府的年度日常预算平衡。其次，在资本预算中地方政府可以发行长期债，但并不一定依赖长期债，在美国的州政府和地方政府里，相当部分的资本投入（例如交通设施的建造和维护）主要靠现有的资金流。借债也是要

---

[1]　见布鲁金斯机构专题报告：Schultze，Charles L.（1998）。

还的，而且融资总有成本，有时还可能很高。依靠现有资金流、通过债务融资，或采用其他手段（包括公私合营关系 public-private partnerships），是地方政府资本预算中很具体的策略选择。[①]

美国州政府和地方政府发行市政债券，主要通过两种形式：一种是一般性市政债券（general-obligation bonds），以政府的全部信念和信用（full faith and credit）作为担保。另一种是市政收益债券（revenue bonds），或称有限责任债券（limited-obligation bonds），只是以特定的市政收费为担保。前者风险比较小，迫不得已时，政府可能砸锅卖铁地变卖固定资产或增加税收来保证还款，相应地利息也较低。后者风险较大，如果特定市政收费不如预期，投资人就有得不到回报的可能，所以利息较高。利息是债务发行的主要成本之一。在情形许可时，州政府和地方政府似乎应该更倾向于发行一般性市政债券。相应地，一般性市政债券的发行，也有比市政收益债券更严格的规范限制和政治程序，来防止政府滥用导致民众利益受损。首先，州政府和地方政府都设置的债务上限。其中，最主要针对的就是一般性市政债券，虽然个别州也扩展到包含所有市政债券。[②] 其次，不少地方规定，市政收益债券的发行，只需要通过地方政府议会通过。如果要发行一般性市政债券，则需要地方民众以公投的方式直接决定。

总体上说，美国市政债券的风险是相当低的，其安全性仅次于

[①] 有关交通设施中的 public-private partnerships，参见 Zhao(2010)。

[②] 这种包含更广也更严格的限制，称为伞状债务先知（umbrella debt limit）。参见 Denison et al.(2009)。

美国联邦债券。根据美国 Fitch Ratings 信用评级公司在 2003 年发布的一份研究,在历史上传统市政收益债券的违约率仅占总融资金额的 0.25％。[①] 一般性的政府债券就更为安全了,在过去的 41年里,迄今为止才发生过 5 件违约事件。考虑到美国现有将近 9 万个地方政府,不少地方政府都曾经发行过数次一般性政府债券,其中违约的比率是极低的。州政府和地方政府的市政债券还得到联邦政府的间接补助,因为市政债券投资收入可以免联邦政府收入所得税。因为低市场风险,而且有联邦政府的优惠政策,市政债券的利息要比公司发行的债券要低很多,成为州政府和地方政府低成本融资的一种很好的方式。

2.4　明尼苏达在美国

　　这份报告以明州为例来分析美国交通设施投融资模式,熟悉社会科学研究的读者可能询问明州案例在美国的代表性。在美国的联邦体系下,每个州各有自己的宪法,在社会经济活动的各个方面(包括交通财政)都或多或少有所差异,很难说哪个州是有代表性的。与其纠结代表性的问题,不妨说明州是个前沿性案例。一方面,明州相当于"美国的北欧",相对来说高收入高税收,并有比较发达的社会福利和公共服务体系;另一方面,明州面临比较严重的交通问题,还是美国各种交通政策探索的一个前沿阵地。

　　明州是美国中西部地区最大的一个州,向北与加拿大相邻,向

---

① 　参见 Litvack and McDermott(2003)。

东与威斯康辛州和苏必利尔湖相邻,向南与爱荷华州相邻,向西与南达科他州和北达科他州相邻(图2.9)。在2010年,明州的人口约有500万,在美国的50个州里人口总数排列第21位。其中,将近60%的人口居住在明尼阿波利斯和圣保罗组成的双城地区。圣保罗是州府所在地和政治中心,明尼阿波利斯则是明州的经济中心。笔者本人任教并从事交通财政研究的明尼苏达大学,主校区就位于明州双城地区。双城地区的都会区委员会(metropolitan council),是一个覆盖7个县的区域性政府合作机构,在交通规划和协调方面发挥了非常重要的作用。

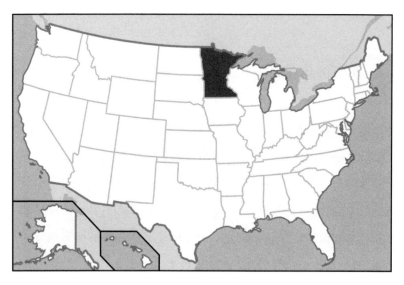

资料来源:https://upload.wikimedia.org/wikipedia/commons/thumb/5/54/
Map_of_USA_MN.svg/1000px-Map_of_USA_MN.svg.png.

图2.9 明州在美国的位置

在很多方面,明州都是"美国的北欧"。明州是美国本土的48

个州中最北的一个,冬天气候寒冷,但在历年美国宜居城市的评选中却都在前列。① 主要原因包括就业机会稳定,医疗资源丰富,绿地覆盖率较高,自然环境宜人,教育资源丰富,人文体育活动活跃等。早期来明州开发的欧洲人,也多来自北欧斯堪的纳维亚地区。也许是气候条件相似或者移民背景渊源等原因,明州和北欧一样也具有高收入、高税收、高福利的特点。在 2002—2004 年期间,明州的中位家庭收入在美国排第五位。明州的州销售税和州收入所得税在美国也都是比较高的。在美国赋税基金会(Tax Foundation)公布的 2010 美国州政府和地方政府税收负担里,明州排第 7 位。② 较高的税收、较完善的公共服务体系和活跃的市民团体,是明州和美国其他州相比在政治文化上相对进步(progressive)的典型特征。

在全美将近 400 万英里的公路系统中,明州占了 13 万,在各州公路里程中排在第五位。从公路开支来看,明州的人均支出比全美平均高出大概一半左右,主要区别来自州政府和地方政府的交通投入。③ 然而,和美国其他一些经济发展比较发达的州一样,明州也面临比较严重的交通拥堵。在美国理性基金会(Reason Foundation)新近发布的《各州高速公路系统现况年报》中,就州际

---

①　2012 年美国 CNN 评选的 Best Places to Live 里,排名前 25 个的美国城市里,明州占了 5 个。参见 http://money.cnn.com/magazines/moneymag/best-places/2012/top100。

②　参见 Tax Foundation 的相关报告。http://taxfoundation.org/article/annual-state-local-tax-burden-ranking-2010-new-york-citizens-pay-most-alaska-least.

③　见明州议会审计办公室的网页:"Highway Spending", http://www.auditor.leg.state.mn.us/ped/1997/hs97.htm.

高速系统(interstate system)而言,在城区拥堵最常见的四个州分别是加州、明州、马里兰州和康涅狄格州,在农村地区路况较差的五个州是加州、阿拉斯加州、明州、纽约州和科罗拉多州。[①] 一方面有相对完善的公共服务体系和相对进步的政治文化,另一方面是日益加剧的交通需求,明州在美国交通政策的研究和政策尝试中都处在相对前沿的位置。这里的州政府和地方政府在交通发展和管理方面也积极尝试各种新举措,例如从汽油税向里程收费的改革。作为美国交通研究的重镇之一,笔者所在的明尼苏达大学不仅承担了美国联邦交通部的很多重大课题,也受州政府和地方政府的委托进行很多交通方面的研究。因此,以明州为例来讨论美国交通财政的现有体制和新近议题,有很强的先导性。除此之外,本报告也会适时介绍一些其他州的比较情况和参考案例。

---

① 有关美国各州交通状况的更多评估,可见 Reason Foundation 的年度报告,Hartgen et al.(2010)。

第 3 章

明州交通设施的资金来源

　　这一章对明州交通财政的介绍，大体以 2010 年前后的状况为准。明州交通设施的资金来源主要来自联邦政府、州政府和地方政府。简单说，联邦政府对高速公路和公交系统的拨款主要来自联邦燃油税，也有少部分来自其他专用税收，或者一般性政府财税来源。州政府在交通设施方面的投入主要来自州燃油税、汽车销售税和年度汽车登记税，也有部分来自市政债券和一般性财税拨款（主要用于公交）。地方政府的交通设施主要来自地方房地产税、特别征收，以及其他专用收入或一般性拨款等。根据 2003 年的数据，整个明州总共约 30 亿美元的交通设施开支里，联邦政府资金大约占 20％，州政府资金大约占 45％，地方政府资金约占 35％。① 值得注意的是，美国是个联邦制国家，各种政策包括财政税收和支出都因地而异，而且相关政策也都在不断的发展变化之中。

---

　　① 详见笔者牵头完成的一份研究报告。Zhao et al.(2010c)。

3.1 联邦公路信托基金的设立与划拨

美国联邦政府的交通拨款大多出自 1956 年之后设立的联邦公路信托基金(federal highway trust fund)。基金的财税来源主要来自联邦政府燃油税,除此之外,也有联邦轮胎税或者货车专用税等,不过这些其他来源的金额总数远低于燃油税。联邦交通的具体拨款方式,通常是经过联邦预算程序中的交通授权法案,每隔几年修订一次。在授权法案规定的特定金额和划拨方式的基础上,联邦政府每年向州政府拨款(appropriation)。拨款也不是资金的转移,只是给了州政府特定的开支权限(authority to incur obligations),然后由州政府向联邦财政部报销相关开支(reimbursement)。2010 年前后的交通拨款主要依照的是 SAFETEA-LU(Safe, Accountable, Flexible, Efficient Transportation Equity Act: A Legacy for Users)。从法案的名称里,就可以看出联邦交通政策的一些导向目标,例如安全、有效问责、灵活、高效和公平等。SAFETEA-LU 在 2005 年 10 月通过,原定计划是到 2009 年的 9 月过期。可是因为新政策出台困难等种种原因,SAFETEA-LU 也就一直延期执行,直到 2012 年有了新的联邦授权法案,即 Moving Ahead for Progress in the 21st Century Act (MAP-21)。这个小节的以下部分,将简单介绍美国联邦交通经费的发展历史、新近几轮联邦交通授权法案的特点,以及联邦交通拨款对明州交通设施发展的影响。

3.1.1　美国联邦交通经费的发展简史

美国现代联邦交通财政的发展,大致以 1956 年为分水岭,可以划分为两个不同时期。在 1956 年之前,联邦政府的高速公路补助项目(federal-aid highway programs)主要来自美国财政部的一般性资金划拨。尽管联邦的燃油税和其他一些汽车相关税收早在 1917 年就有了,但这些经费在早期并没有和交通补助联系起来。除此之外,交通经费的授权、拨款和报销制度,大体上和现在相近。一般性资金划拨的好处,是交通经费可能来自联邦各种财源,只要获得国会的年度批准。其不足之处则是在每年的预算程序中,交通要直接面临和其他政策领域(例如国防或者社会福利等开支)的竞争。[①]

1956 年 6 月,为了加快高速公路网络的建设,时任美国总统艾森豪威尔签署了《联邦公路补助法》(Federal-Aid Highway Act of 1956)。该法的第一条款确定了州际高速公路系统总里程 41000 英里的建设目标,并规定相关经费由联邦政府承担 90%,余下部分依靠各州政府的自筹经费。在该法的第二项条款里,确立了联邦公路信托基金(highway trust fund),经费来自当期专款专用(earmarked)的每加仑 3 ¢联邦燃油税和其他车辆相关使用费等。[②] 据说在该法案起草时,就州际高速公路系统的资金来源是否

[①]　参见美国公路委员会的报告:U.S. Department of Transportation Federal Highway Administration(1998)。

[②]　参见 Patashnik(2000)。

依赖公路收费或其他财税手段,有过非常激烈的争论。在此之前,美国也有过主要依赖私有收费公路的时期,但是经常面临投资不足或运营不利的困难。自 1890 年到 1920 年的美国"进步时代"(progressive era)以来,就有人呼吁政府在交通上应该有更积极的主导作用,认为公路这样的公共物品不应该也不适合依赖私有部门来拥有和运营。1956 年法案确立的专款专用交通财税基金,一定程度上体现了这种思潮的影响。[①]

联邦政府对轨道和公交系统的支持则始于 1964 年的联邦城市大运量公交法(Urban Mass Transit Act of 1964)。在美国早期历史上,公交系统几乎都依赖私有部门。从 20 世纪五六十年代以来,随着私人小汽车的普及、郊区化的土地利用模式和大汽车公司的竞争等因素,公交系统靠私有部门经营难以为继,逐渐成为政府提供的一种公共事业。通过 1964 年的联邦城市大运量公交法,美国国会在专款专用的公路信托基金之外另拨款 3.75 亿美元,支持大规模公交系统的建设。到了 1982 年的高速公路资金法(Highway Revenue Act of 1982)之后,国会也开始允许公路信托基金里的经费部分用于公交。为此,联邦政府把每加仑的汽油税提高 5 ¢,其中的 1 ¢ 归联邦公路信托基金里新近设立的大规模公交账户,专门用于支持公交系统。

联邦公路信托基金体现了联邦交通经费专款专用的基本原则,但并不是严格意义上的信托基金。在特定时期也存在交通基金和联邦一般性账户之间资金共享的状况。1990 年,美国时任总

---

① 参见 Seely(1987)。

统布什把联邦汽油税每加仑增加5¢,其中一半用于填补联邦政府的一般性预算赤字。1993 年,美国时任总统克林顿又再次提高了联邦汽油税,并把全部增额用于填补预算赤字,直到 1997 年才把相应钱款重新划归交通部门使用。近几年来,情况则正好相反。尽管汽车行驶总里程持续上升,因为燃油效率的提高和新能源汽车出现等原因,联邦燃油税的增长赶不上交通经费需求的增长。自 2008 年以来,公路信托基金每年都依赖联邦一般性资金来填补开支亏空,才得以保持SAFETEA-LU授权金额的如期发放。[①]

3.1.2　新近几轮联邦授权法案简介

过去 20 年里历次联邦交通授权法简述如下:

1. ISTEA

ISTEA 全称是 The Intermodal Surface Transportation Equity Act,1991 年通过,1997 年过期。ISTEA 之前的历次授权法,关注的焦点都是洲际高速公路系统的贯通。而 ISTEA 的重点则是不同交通体系之间的衔接,为高速公路和公交设施之间的资金转移提供了更大的便利度。ISTEA 强调州政府和地方政府在交通发展规划中的重要性,是联邦财政责任下放(devolution)在交通部门的体现。

2. TEA-21

TEA-21 全称是 The Transportation Equity Act for the 21th Century,适用年份是 1997—2003 年。TEA-21 在原有 ISTEA 的授权框架上做了一些调整,旨在提高资金在各州之间分配的公平

---

① 参见 Holeywell(2012)。

度。TEA-21 的独特之处体现在几个方面：首先，TEA-21 大幅度提高了授权总额，达到 2180 亿美元。其中高速公路经费比前次授权增加 42％，公交授权增加 31％。其次，在资金分配规则上，TEA-21 设定了高速公路建设、高速公路安全和公交投入等方面的最低拨款额，也保证各州能拿到本州对联邦燃油税贡献的 90.5％。再者，TEA-21 设立了新的资金调整预算授权手段（revenue aligned budget authority，RABA），可以据此根据每年公路信托基金的实际收入调整拨款数额。最后，TEA-21 还增加了鼓励州和地方政府进行交通财政创新（innovative financing）的一些条款。

3. SAFETEA-LU

SAFETEA-LU 全称是 Safe，Accountable，Flexible，Efficient Transportation Equity Act：A Legacy for Users。2005 年通过，原计划 2009 年过期，后来一直延续使用到 2012 年。SAFETEA-LU 再次提高了联邦授权的总金额，在 6 年里达到 2241 亿美元。在资金分配上也加大了保证力度，各州至少可以拿到本州贡献的联邦交通基金的 92％，而且比 TEA-21 授权期间的拨款额至少提高 19％。除了公式化的各州资金划拨，SAFETEA-LU 大幅度提高了交通指定项目拨款（earmark），该部分的金额达到 240 多亿美元。因为这些项目的确定带有较高的政治性，故指定项目拨款引起了不少争议。SAFETEA-LU 继续鼓励州和地方政府在交通财政和融资方式的创新，第一次允许州政府以将来的联邦交通拨款为担保来发行交通债券。

4．MAP-21

MAP-21 全 称 是 Moving Ahead for Progress in the 21st Century Act。姗姗来迟的 MAP-21 在 2012 年 7 月获得通过,这只是一个为期 2 年的过渡性授权,总金额约为 1050 亿美元。尽管有关联邦燃油税改革的呼声甚高(随后第 5 章还会讨论),MAP-21 在交通资金的来源上没有改变,只是在资金划拨上做了少量调整。一部分拨款项目被精简,受影响最大的包括自行车和步行等慢行交通项目。

3.1.3　联邦政府对明州的交通拨款

联邦交通经费的划拨,是各州交通设施经费来源的一个关键组成部分。在这一小节里,将分析介绍 SAFETEA-LU、2009 年的联邦经济刺激方案,以及新近通过的 MAP-21 对明州交通发展的影响。

和 TEA-21 时期相比,明州在 SAFETEA-LU 期间得到的联邦交通经费有显著增长。其中,高速公路的公式化拨款增加了177%（见图 3.1）,高速公路指定项目拨款增加 162%,公交系统的公式化拨款增加了 66%。联邦交通拨款的显著上升,主要有两方面原因:第一,联邦公路信托基金授权总额的大幅度增加;第二,新的划拨公式对明州有利。联邦公路信托基金授权的增加,主要一个原因是燃油税细则的改变。美国的车用燃油,除了汽油外,还包括从玉米杆中提炼出来的乙醇燃油(ethanol),或者是汽油和乙醇燃油的混合物(gasanol)。美国对乙醇燃油有一定的税收减免,原先是由公路信托基金来承担的。2004 年的一个税法调整把相关减免的负担转移到联邦政府的一般性账户,这就带来公路信托基金的增加。此外,联邦政府也加强了税收监管,降低了燃油税偷税漏税行为的比例。

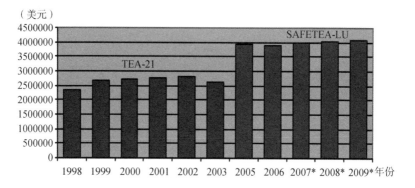

注:＊表示估算值。FY2007—FY2009 年的数字为当时的估算。

图 3.1 明州在 TEA-21 和 SAFETEA-LU 时期获得的联邦高速公路公式化拨款

明州是美国使用乙醇燃油的一个倡导者,从 2005 年以后就规定加油站出售的燃油都包含 10％的乙醇燃油,该比例随后还有提升。原先乙醇燃油的税收减免,使明州在联邦燃油税贡献率的计算上分值较低。在 1986—2006 年期间,联邦对各州的交通拨款增长了 21％,而明州作为一个燃油税"输入州",只得到 9.4％的增长。[①] 2004 年联邦针对乙醇燃油的税收调整,使明州从过去的燃油税"输入州"变为燃油税"输出州",因此在联邦燃油税的公式化分配中也就得到更多资金。

---

① 参见 Kane(2008)。

3.1.4　2009 年的联邦经济刺激

在 2009 年,为了应对金融和经济危机,奥巴马联邦政府推出了将近 8000 亿美元的经济刺激方案,包括将近 460 亿美元的交通投资额。其中公路项目占了大半,将近 290 亿美元,公交系统将近 85 亿美元,高速铁路项目将近 80 亿美元。明州得到了其中将近 6 亿美元的交通拨款,其中 3.5 亿美元用于高速公路项目,1.5 亿美元用于支持地方道路建设,另外 1 亿美元左右用于改善公交设施。作为经济刺激方案,该项经费使用的标准包括两条:一是要有显著的区域性利益,二是必须在拨款下达的 180 天内就能开工。因为相关支出是在原有的资本预算之外的,明州交通部和双城区都会委员会(metropolitan council)设定了专门程序,挑选了 100 多个高速公路建设项目和将近 100 个地方道路项目。公交方面的经费则主要用来购置和更新公共汽车。①

3.2　明州州政府的交通财税

在不少人的印象里,美国道路交通设施依靠的就是联邦政府专款专用的汽油税。这个印象带有几个方面的误解:首先,在很

---

① 有关奥巴马政府经济刺激方案中交通资金的发放,参见《时代周刊》(09/13/2010)的报道:"Where Did the Transportation Stimulus Money Go?" http://content.time.com/time/nation/article/0,8599,2017466,00.html.有关明州得到资助的一些项目,参见明州交通部的新闻简报(03/12/2008):"Mn/DOT Announces Local Transportation Stimulus Projects", http://www.dot.state.mn.us/newsrels/09/03/12-greatermnprojects.html.

多州里,更大部分的交通资金其实来自州政府和地方政府。其次,燃油税(包含汽油税、柴油税、乙醇燃料税等)只占联邦政府和州政府交通设施经费的一半不到,更多的资金来自其他间接性的财税手段。前面提到,在 2003 年明州交通经费的一小半来自于州政府,具体来源主要包括州政府自己的燃油税(将近 50%)、汽车登记税(将近 40%)和汽车销售税(将近 10%)。除此之外,还有小部分的州政府资金来自州政府发行的债券,以及直接的道路收费等。

3.2.1　明州的燃油税

2010 年的联邦政府燃油税(motor vehicle fuel taxes)里,包括每加仑 18.4 ¢的汽油税和每加仑 24.4 ¢的柴油税。除此之外,美国的 50 个州都额外征收自己的汽油税和柴油税。各州税率各不相同,一方面取决于各州对交通需求和投入决策的不同,另一方面也取决于其他交通财税手段的应用。① 图 3.2 显示了 2010 年美国各州的汽油税的税率和高低排名。明州汽油税的税率为 27.2 ¢,加上联邦汽油税 18.4 ¢,客户实际面对的税率就是每加 45.6 ¢,在整个美国排在中位(第 20 位)。

①　有关各州燃油税的详细资料,参见 http://www.gaspricewatch.com/web_gas_taxes.php。

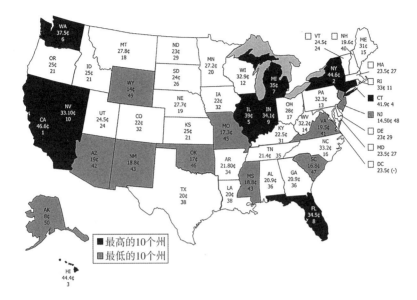

资料来源：Tax Foundation.

图 3.2　2010 年美国各州汽油税税率

明州的燃油税征收始于 1925 年，当时只有每加仑 2￠。尽管后来税率有过多次历史调整，汽油税资金的增加却跟不上交通需求的增长，原因之一是汽油税是按体积增收，而且税率没和通货膨胀挂钩。在 1986—2008 年期间，明州汽油税的实际购买能力下降了将近1/3。在经过了很多年的停滞之后，明州在 2008 年通过了新的交通法 HF2800，把汽油税和柴油税都每加仑各提高 5￠。[①] 其他

---

　　①　在美国，汽油税的提高和其他加税一样，是非常敏感的政治决策。虽然民众对交通投资的不足有一定共识，但民选官员（尤其是偏保守的共和党派）对加税有普遍的抵制。明州 2008 年提高汽油税，是很不容易的。在投票的最后关头，有两名共和党议员被说服。有了他们的反戈支持，法案才得以通过。但是，在两年之后的再次州议员选举中他们双双落败。以汽油加税支持派的说法，这两位议员充分认识到明州增加交通投资的迫切性，以牺牲自己党派支持为代价，为该法铺平了道路。

很多个州在最近一段时间里也纷纷通过立法提高了他们的汽油税，用于弥补交通资金的不足。

州燃油税的征收方式也和联邦燃油税不同。联邦燃油税是通过全美少数几个集中燃油存储中心（bulk storage terminal）来收取的。明州燃油税的收取，则通过遍布全州的 600 多个燃油配送点（distributors）进行。根据明州法律，州燃油税是用来支持道路交通的一种间接使用费。可是，也有部分"非道路车船"（off-road vehicles，包括燃油船、雪上摩托、高尔夫球车和一些越野专用车辆等）并没有使用道路设施，但是也用燃油，因而也缴纳了燃油税。对此，相应法律规定，明州燃油税里每年要有一定比率转拨到州自然资源部（department of natural resources），以回馈那些车船用户。具体的比率取决于一些有关研究，以估算非道路车船每年购买的燃油数量。

3.2.2 明州的年度汽车登记税

在明州，所有车辆拥有者都要缴纳年度汽车登记税（motor vehicle registration tax），也称牌照费（tab fees）。该税开始于 1911 年，当时的数额是每车每年缴纳 1.5 美元，其后有过多次调整。1921 年，登记税的计算开始考虑车辆的重量和价值。1973 年后，牌照费的计算分为两部分，包括每车 10 美元的固定费和根据车辆价值计算的额外费。随后又有一些税法调整，对轻型重型车辆进行了进一步的区别对待。2000 年通过的法案限定了私人车辆的最高牌照费每年不超过 99 美元。该法案导致牌照费总额缩减将近

1.7 亿美元,相应缺口则用汽车销售税(motor vehicle sales tax)的部分资金来弥补。2006 年,明州汽车牌照费的年度总额达到 4.88 亿美元,占了州政府征收的各种交通财税总额的1/3左右。

目前明州的年度牌照费根据不同汽车"等级"来收取。总共等级有 29 类之多,包括各种个人车辆、皮卡、公共汽车、商用卡车、摩托车和拖车等。个人车辆的收取,除了每车 10 美元的基本费外,还有每车基本价值的 1.25％。车辆的基本价值根据不同型号规格的基本销售基价而定。具体而言,新车的基本价值在头两年按销售基价,在第三年后每年递减 10％,直到第 10 年。在 2008 年新通过的 HF2800 法案里,又为个人车辆的牌照费设定了新的最高额和最低额。新车头两年不超过 189 美元,随后的每个年份不超过 99 美元。此外,超过 10 年的老车,至少每年缴纳 35 美元。卡车和拖拉机等其他车辆则根据马力收取,从最低的 120 美元到最高的 1760 美元,根据车辆使用年份进行一定的折算,摩托车每年缴纳 10 美元的固定税。在其他 30 多个州,也有和明州类似的根据价值计算的车辆年度登记税或牌照费的情况。在没有牌照费的州,保有车辆可能也缴纳其他税种。例如,在乔治亚州,是由地方政府针对车船按估算价值或购置金额每年收取个人财产税。

3.2.3　明州的汽车销售税

在明州购买汽车不需要缴纳一般的州和地方政府销售税,但要缴纳专门的汽车销售税。一般来说,汽车销售税是根据汽车所有权交割时(title change)的实际销售价格而定。有的老车子或收藏型古董车的价格较难确认,可能按特定税收额收取。汽车销售税的征收始于 1971 年,最初只有 3%。目前的税率是 7%,和州政府的一般性销售税相同。明州的另外两种主要交通资金来源,即州燃油税和汽车登记税都是一开始就作为交通专用的,汽车销售税则不然。该税收和交通投入之间关系,是随着历次法律修改才逐步建立起来的。

开始时,汽车销售税款里只有 1/3 用于交通设施,其余和其他一般性税收一样归入州政府的一般性账户。2000 年,州政府修改汽车年度登记税,并为个人车辆设定了一个最高限额,以减轻个人税负。因为汽车登记税是交通专款专用的,州政府就向交通部门转拨更多的汽车销售税款,以弥补登记税减负之后的交通资金短缺。到了 2001 年,州政府立法禁止以地方房地产税来支持都会区的公交设施。减税之后的资金短缺,再次通过输送更多的汽车销售税款来弥补。2006 年,明州以居民直接投票的方式通过了州宪法修正条款,规定在 5 年内逐步把全额的汽车销售税都转变为交通专用。在 2008 年财政年度,至少 63.75% 的汽车销售税要用于交通,其后 4 年里每年再增加 10%,直到所有汽车销售税都归交通专用。

在 1996—2002 年间,明州的汽车销售税收入稳步增长。主要原因包括家庭收入提高,以及出行年龄的扩展等。年轻人更早开车,也更早拥有车,同时老年人保持驾驶习惯的时间也不断延长。2000 年的美国人口调查显示,明州双城地区的个人车辆拥有率已经和个人驾照相当。在不少家庭,拥有车辆的数目甚至超过拥有驾照的人数。^①在这段期间里,个人车辆和汽车销售税的增长带来了更多的交通资金。但这样的增长恐怕不能长久持续。2002—2003 年,人均汽车购买数量保持稳定,汽车销售税基本维持在 6 亿美元左右。在 2003 年之后,汽车销售税开始下降,因为高昂的汽油价格促使人们转而购买更小也更便宜的车。到 2010 年,明州汽车销售税收入降到了将近 4 亿美元,比原来减少了将近1/3,给明州的交通设施发展带来了很多资金上的压力。^②

3.2.4　州政府发行债券

除了上面讨论的三种财税手段,州政府的交通经费也可能部分来自市政债券。债券是融资手段,是资金在不同时间内的挪移。用未来交通财税来偿还的债券,本身并没有带来新的资金。只有用其他手段来偿还的债券,才算得上是对交通财税手段的补充。市政债券一般分为两类:以政府所有信念和信用担保的一般性债券和以特定项目收益为担保的市政收益债券。明州为交通发展所发行的债券都是一般性债券,包括两种不同形式:一是主干公路债券(trunk highway),只能用于州内主干公路的建设。还款途径是未来的主干公路资金,并以州政府房地产税为补充担保。这两种还款资金的来源里,只有后者可以视为补充性的交通经费。二是州政府通过资本预算发行的资本债券(bonding bill),主要用于支持公交和轻轨设施,有时也用于停车转乘(park and ride)等设施。

---

① 参见 United Sates Census Bureau(2002)。
② 参见 Minnesoa Department of Finance(2009)。

纸本债券的偿还途径是州政府的一般性财税来源,因此可以视为补充性的交通经费。

3.2.5 直接道路收费

和美国大多数州一样,明州的收费公路比例很低。不过也有局部的道路收费,主要起到拥堵管理的目的。以双城地区的MnPASS项目为例,这是由联邦政府HOV车道转变为HOT的一种动态收费车道。HOV(high-occupancy vehicle),指的是高载车辆专用道,只允许乘坐两人或更多乘客的车辆使用,意在鼓励用户拼车,以减缓道路拥堵。1991年以来,美国联邦政府大力鼓励HOV道的建设,为之提供90%的联邦政府补助,促成了大量HOV车道的建设。但在一些地方,存在着HOV车道使用率较低的浪费现象,因此后来有了一个创新方案,称为HOT(high-occupancy toll)。对有两人或更多乘客的车辆,HOT车道照样可以作为免费的HOV车道使用;一般的HOV车道是不允许单人车辆使用的,但他们只要缴纳一定的费用,也可以使用HOT。因此,HOV转化为HOT的实质,是在选择性收费的前提下提高了车道的使用率。

HOT往往采用动态收费(dynamic pricing)的方案,来确保交通顺畅。在双城(Twin Cities)地区,有多条由HOV车道转变而成的HOT车道。最早启用的I-394 MnPASS,从西面进入城区中心,大概10英里左右。乘坐两人以上的车辆,可以继续免费使用该道。单人车辆则通过车上安装的电子感应器收费。收费价格

显示在 HOT 车道的入口,通常在 0.25 美元到 8.0 美元之间,每 3
分钟自动调整,以确保该道上 55 英里/小时的顺畅车流。在进入
HOT 车道之前,单人车辆可以根据指示牌上的实时价格,来决定
是否使用 HOT 或者选择旁边免费但是较为拥堵的车道。明州
双城地区的 MnPASS 项目获得了很大成功,提高了原有 HOV 道
的使用率,有效降低了其他车道的拥堵程度,而且取得很高的公
众支持率。其经验在美国得到了广泛推广,类似做法也开始在其
他很多州使用。值得注意的是,MnPASS 之类的拥堵收费收取的
资金主要用于支付管理和运作的成本,并不足以贴补其他交通
设施。

3.3　地方政府的交通税费

在明州所有交通设施的支出里,地方政府的资金占了将近
1/3。这些资金主要来自地方房地产税、特别征收(special
assessments)、地方销售税,和少量的直接用户收费。在 2002 年,
和美国其他州相比,明州的地方政府交通资金排在第六位,仅次于
纽约州、得克萨斯州、加州、新泽西州和威斯康辛州。图 3.3 来自美
国道路交通一个专门委员会的报告,显示了 1980—2004 年各级政
府公路资金的增长。可以看出,尽管各州在交通财政措施有很多
不同,而且随时间不断进行着调整,地方政府资金始终是交通设施
投入的一大组成部分。

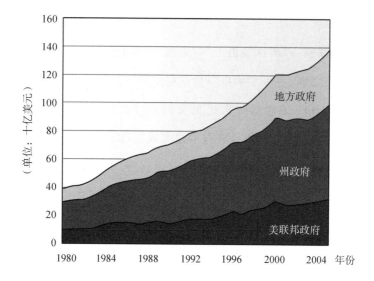

资料来源：National Surface Transportation Policy and Revenue Study Commission(2008).

图3.3 联邦政府、州政府和地方政府的高速公路资金

3.3.1 地方房地产税

　　地方政府用于道路建设和维护的资金主要来自一般性资金账户。该账户容纳所有未指定用途的一般性财税资金,其中最大一部分就是地方房地产税。值得指出的是,地方政府道路交通设施所占用的房地产税,其实只是地方收取的房地产税总额中的很小一部分。美国最常见的综合性地方政府包括县和市,除了地方道路交通,还提供治安、消防、公共卫生、公园和图书馆等其他公共服务,但不包括基础教育。在美国的大多数州,基础教育不归县或者市管理,而是属于独立学区这一种特殊的地方政府。美国地方政府各自收取自己的房地产税,独立学区的房地产税是总额中很大的一部分,而地方道路只能和县市提供的其他公共服务一起,每年通过日常预算程序竞争有限资金的划拨。

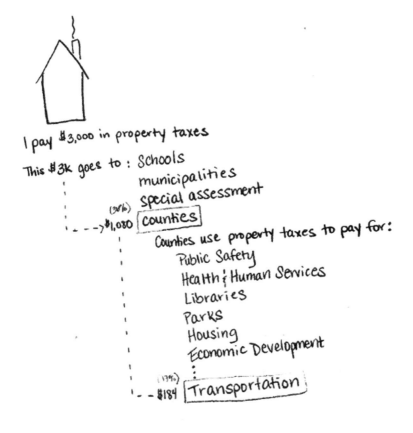

图 3.4 明州居民地方房地产税和地方交通资金的示意图

上图 3.4 来自本人在明州的一个研究项目,旨在帮助民众了解地方房地产税和道路设施之间的关系。从图 3.4 上可以看出,居住在明州某县的一个家庭,如果每年缴纳房地产税约 3000 美元,其中只有将近 1/3 也就是 1000 美元左右归县政府支配。而划拨到地方道路设施的只有 200 美元不到。为了贴补道路资金,地方政府有时也争取征收一定比率的交通专用房地产税。但是这样的专用税收必须得到民众公决(public referendum)的批准,而且有明确的征收期限。例如,乔治亚州的很多个县都自发征收了额外 1% 的特别可选销售税(special-purpose local option sales tax),用于支持包括地方道路等基础设施的改善。该税在起征的 5 年后自动过期,除非再次获得民众公决的批准,才能继续延收 5 年。

除了用于地方道路建设,明州县市政府对公交设施有所支持,在这一方面有过比较曲折的历史。在美国多数地方,公共汽车或轨道交通最早是由私有公司运营的。明州双城地区最早的公交始于连接明尼阿波利斯和圣保罗两个城市的一段铁轨,起初是马拉车厢,后转为蒸汽火车和有轨电车。在 19 世纪末,这些服务都由双城快速运输公司(Twin Cities Rapid Transit Company)提供,并完全依赖车票收入和公司附属的土地经营活动。[①] 在 20 世纪五六十年代后,因为个人汽车盛行等原因,美国各地的公共和轨道交通都遭遇严重的财务困难。双城地区的双城快速运输公司从 1960 年后开始接受地方房地产税的补贴,到 1970 年后则完全转为公有化,改称大都会运输委员会(Metropolitan Transit Commission),归属双城都会区委员会(Metropolitan Council,是双城地区若干地方政府的一个合作机构)。相当长的时期内,该系统依赖地方房地产税来贴补运营亏空,这种状况一直持续到 2001 年。自 2001 年以后,州政府为了减轻民众的房地产税负担,改用州政府的汽车销售

---

① 有关双城地区公交发展的早期历史,参见 Diers and Issac(2007)。

税来支持公交运营。不过,双城地区的一些城市成立了一个"公交
税区"(transit taxing district),自己收取额外的一层房地产税,用
于偿还双城都会区委员会为公交系统而专门发行的债券。"公交
税区"里的这些城市也自然形成双城地区公交服务的边界。其他
城市只有加入税区,才能享受到公交系统的服务。

3.3.2　特别征收

特别征收(special assessments)是在划定街区内向房地产业主
征收的一种额外的费用,用来支持给该街区之内的特定基础设施
支出。特别征收往往显示在房地产税的税单上,但本身并不是房
地产税。首先,房地产税的征收范围是某地方政府的整个辖区,而
特别征收的范围往往小得多,只限于特定街区内(special
assessment districts)。[①]　其次,房地产税是地方政府的一般性资
金,具体用途通过特定预算程序来决定。而特别征收是专用款,只
用于专门性的基础设施建设。第三,房地产税的税率是通过年度
预算程序决定的,而特别征收是依照业主从基础设施里得到的"特
别收益(special benefits)"来计算,并保证征收额不超过基础设施
带来的房产增值。最后,特别征收往往有一个明确期限(例如 10
年),而地方房地产税则没有期限。正因为特别征收不是房地产税
而是使用费,比较容易得到民众的支持,故一定程度上避免了增加
房地产税的政治压力。

[①]　这样的区域一般叫做 special assessment districts(SAD)或者 benefit
assessment districts(BAD)。有关特别征收的更多相关信息,参见本人的一篇文章:
Zhao and Larson(2011)。

明州法律规定,地方政府可以利用特别征收来支持不同形式的地方基础设施建设,包括街道、给排水、街灯、公园、区域供暖,或者防洪等。近些年,明州不少城市利用特别征收来支持地方道路交通的改善,尤其是街道整治。明州州府圣保罗市是使用特别征收的一个典型,经常用特别征收来支持街道除雪服务、道路修缮和其他街道相关建设活动。

3.3.3 地方销售税

明州地方政府交通资金的另外一种来源是地方销售税,这是在州政府销售税之外在特定地方政府辖区内收取的额外一层销售税。据统计,在 2000 年美国有 35 个州允许地方政府在适当的条件下(例如民众公决批准)征收地方销售税,这些金额可能直接或者间接地用于支持地方道路建设。例如,在内布拉斯加州有不少地方政府收取 1.5％的地方销售税专用于道路。威斯康辛州的地方政府可以征收 1％的地方销售税专用于道路建设项目。[①] 明州在地方销售税的使用方面是比较谨慎的,目前只授权 24 个县市等地方政府,可以在投票通过的基础上,为公共设施改善征收地方销售税。其中,只有罗切斯特市(Rochester)明确把这个授权用在了道路方面。罗切斯特市是美国著名医疗中心 Mayo Clinic 的所在地,每年都有很多人从世界各地专程过来体检或者接受治疗。但该市的对外交通是一个薄弱环节,从双城国际机场过去还要一个多小时的车程,有时还有交通拥堵。从 1999 年来,罗切斯特市开始征

---

① 参见 Ryan(2006)。

收额外一层地方销售税,主要用途就是区域性的高速公路和机场,以及州高速公路 Highway 52 的部分路段。

明州的地方销售税有时也用来支持公交系统。在 2008 年州政府通过的交通法案里,双城都会区的 7 个县被授权允许征收 0.25％ 的额外销售税(Metro transit tax),以支持公交和轻轨设施的发展。随后,在这 7 个县的议会里先后进行了投票,该税在 5 个县里以多数支持票得到通过,而在其他较为边缘的 2 个县遭到否决。图 3.5 显示了这些县的名称、位置和议员的支持和反对票数。这个税因此也就只在得到议会批准的 5 个县里征收,在经费的使用上也偏重于这些地区。[①] 以地方销售税来支持公交系统的类似做法,几十年来在美国日益普遍,尽管在具体决定程序上可能不同。可供参考的一个例子是在乔治亚州的亚特兰大市(Atlanta)附近。在 1971 年,亚特兰大都会区里的 5 个县举行了民众公决,投票决定是否多征收 1％ 的地方销售税以补贴地铁(MARTA)运营,结果该税在亚特兰大都会区的 2 个县都得到了批准。从规划的角度看,很多人觉得亚特兰大的 MARTA 民众公决是个失败,使得亚特兰大的地铁不成网络。周边几个县反对的原因,据说主要来自居民的抵制,唯恐地铁网络会让亚特兰大市中心集中的黑人低收入群体和较高的犯罪率扩展到周边地区。这个案例也显示了美国种族问题和贫富差距对交通设施发展的影响,这在是大都会地区尤其典型。

---

① 有关该税的更多信息,参见当地的如下两份新闻报道:http://minnesota.publicradio.org/display/web/2008/03/25/countytransit;http://minnesota.publicradio.org/display/web/2008/05/07/transit_board_mclaughlin.

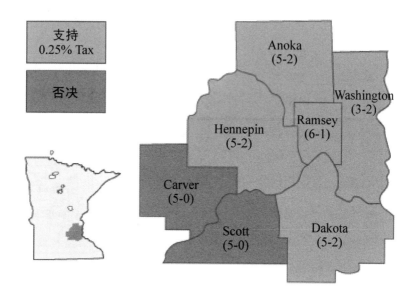

图 3.5　明州双城都会区专用于公交设施的地方销售税

与更为传统的地方房地产税相比,通过地方销售税来支持地方公共服务(包括交通)是几十年来的一个新趋势,从公共财政角度看有利有弊。房地产税一直是美国地方税收的主要来源。但从 20 世纪 70 年代末以来,民众对房地产税负担的增加表现出了越来越强的政治抵触。征收地方销售税支持交通,一定程度上直接或间接地减轻了地方房地产税负担,因此比较容易得到地方选民(尤其是房地产业主)的支持。其次,地方销售税支持中心城市的公共服务,更好地实现了设施收益和成本支付的相对应。美国的大都会地区里,很多人在中心城市工作或从事其他活动,但是住在郊区其他市县。中心城市为这些通勤者提供了很多服务,却收不到他们的房地产税,实际上补贴了郊区的其他地方政府。通过征收地方销售税,中心城市可以从这些非居民身上获得比较合理的税收回报,有利于更好地提供公共服务。但是,地方销售税的弊端之一是其累退性。也就是说,相应的税收负担(税额与个人收入的比例)在低收入群体的身上往往更重。

第 4 章

明州交通设施的资金划拨

这一章节讨论的是明州交通资金在各个项目以及不同区域间的分配,以及相关的财务关系细节。美国的地表交通系统一般可分为三个不同领域:公路系统(highways)、公交系统(public transits)和地方道路(local roads)。① 从报告的前面章节里,我们已经讨论了联邦政府、州政府和地方政府用以支持公路系统的资金来源。这些资金一般分账户管理,通过公式化方式划拨到具体地方和具体项目。公交系统指的是集体乘坐的公共汽车或者轨道交通,如轻轨、地铁、轨道电车或街车(streetcars)等。值得特别指出的是,尽管坐公交车是要买票的,公交车票收入只占公交系统支持的一小部分,因此城市公交还需要大量的政府资金补贴。地方道路系统包括级别较低的所有公路、道路和街道等,接受联邦政府和州政府交通资金的支持,但更多还是依靠地方政府自身的财力和融资手段。

---

① 有时国内也把 highways 翻译为高速公路,其实 highways 除了全隔离的高速公路(freeways),也包括地区之间的一些非隔离的主要干道,因此本报告中一般翻译为公路。

4.1 公路系统的资金分配

明州的主干公路系统(trunk highway system)包含了联系不同城市之间的主要公路,全长将近 12000 英里。其中包括在明尼苏达境内的州际高速公路系统(interstate)、美国国道系统(U.S. highway systems)以及其他州内主要公路,由明尼苏达州的交通部负责建设、运营和维护。[①] 在 2010 年的总支出约为＄14 亿。图 4.1 显示了相关资金的分配和管理方式。笼统地说,来自联邦政府和州政府的各种财税资金,在扣除给予地方政府的交通部补助之外,都汇集到"州主干道路基金"(state trunk highway fund),然后用于相关开支。

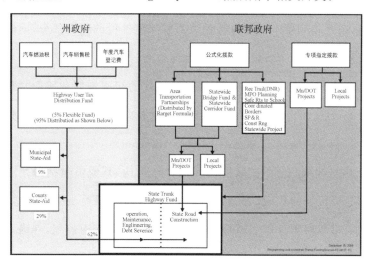

资料来源:明州交通部。

图 4.1 明州主干公路系统的资金划拨

---

① 参见 Burress(2011)。

4.1.1 联邦政府资金分配

明州得到的联邦政府公路资金大多来自联邦公路委员会(Federal Highway Administration),这些资金是以报销的形式提供的。也就是说,已批项目的工程资金是先花费,然后再从联邦公路委员会得到报销。前面章节已经介绍过,联邦交通经费的主要来源是以联邦燃油税为主建立的公路信托基金。基金的主要部分是公式化拨款,也就是图中显示的 formula funds。划拨公式里包括州人口规模以及本州对联邦燃油税的贡献等因素。从 TEA-21 时期以来,联邦政府保证各州能拿到本州对联邦燃油税贡献的90.5%。该比例在 SAFETEA-LU 之后又提高到 92%。通过这些规定,各州得到了本州境内所缴纳的联邦燃油税的绝大部分,同时联邦政府也保留了有限的资金再分配空间。

公式化拨款里的大部分,根据区域性的交通规划和所谓的目标公式(target formula),再分配到明州的 9 个不同交通片区。这些片区称为"地区交通伙伴"(area transportation partnerships,ATP),是地跨几个县的政府间协调合作机构,其成员包括明州交通部在该区域的代表、都会区规划组织、区域发展委员会,和片区内的县市政府等。每个 ATP 负责相应范围内的交通规划,并确定申请联邦经费报销的项目清单,最后经明州交通部统筹之后,形成整个州的交通发展规划。在全州统筹的目标公式里,考虑因素包括各个区域的设施维护需求(60%)、交通安全需求(10%)和交通通达性需求(30％)。^① ATP 是 1990 年才形成的一种做法,有效保证了联邦交通经费在不同片区之间合理和公平的分配。^② 公式化拨款里也有小部分资金,直接划拨给明州交通部,用于整个州之内的桥梁和交通走廊的修建和维护。

除了公式化拨款,还有部分交通基金以联邦指定项目(earmark funds)的方式划拨下来的。例如,在 2008 年联邦政府通过联邦交通部的 Urban Partnership Agreement 项目,给明州划拨了将近 1.35 亿美元的专款,用于在双城地区 I-35W 路段实施一些拥堵管理的创新举措。此外,如果有重大自然灾害或者其他紧急事件发生,联邦政府也可能通过特别程序增加交通拨款。大多数联邦交通资金的划拨,都需要州政府和地方政府有一定数额的配套。从图 4.1 还可以看出,不管是公式化划拨或者指定项目的划拨,都包含两个部分:一部分联邦经费是直接给地方政府的,其余部分统一纳入州主干道路基金进行统筹。

4.1.2　州政府交通资金分配

如图 4.1 所显示,明尼苏达在州一级的自主的交通经费主要出于三大来源:州燃油税、汽车销售税和汽车登记税。在 2007 财政年度,这三项资金总额约为 13 亿美元,其中燃油税贡献了 50％左右,汽车登记税 38％,而汽车销售税约占 12％。州政府有时也发行

---

① 参见明州交通部的网页:http://www.dot.state.mn.us/planning/stateplan/pdfs/5％20Transportation％20Funding.pdf.

② 有关 ATP 的区域划分,参见 http://www.dot.state.mn.us/planning/program/atps.html.

一些主干公路债券(trunk highway bonds),便于提早进行一些项目建设。这些债券一般是用未来一段时间内这三大来源的交通经费偿还,因此不算是额外的经费,所以在图 4.1 中没有显示出来。

州政府自己征收的这些交通经费统一纳入公路用户税收分配基金(highway user tax distribution fund,HUTDF)。扣除必要的管理成本后,HUTDF 的绝大多数资金(95%)根据明州宪法分配到三个不同的基金:其中 62% 纳入州主干公路基金(state trunk highway fund,STHF),由州政府用于主干公路系统;29% 是发放给各县的公路补助(county state-aid highway,CSAH);剩下的 9% 发放给各个城市,用于街道修缮方面的支出(municipal state-aid street,MSAS)。

HUTDF 的资金里除了公式化发放部分(95%),还保留了小部分(约 5%)的统筹款("set aside"),根据州各种法律的规定进行分配,原则上也是用于如上所说的三个下级基金:STHF、CSAH 和 MSAS。虽然资金分配方式不是一成不变的,调整不会太过频繁,每个周期至少 6 年,以利于下级基金的长期规划。从 2009 年 7 月开始,这部分统筹资金的分配方式如下,首先,其中 53% 作为公路修建和维护的灵活机动经费,主要用于:(1)双城都会区的县级公路;(2)划归市或县管理维护的主干公路;(3)地方道路的安全性提高;(4)区域性重要性的交通走廊。其次,统筹资金里的 30.5% 给各个镇区,用于镇区道路的修建和维护。最后,其余的 16% 用于镇区的桥梁修缮。①

① 参见 Burress(2013a)。

4.1.3　州主干公路基金的支出

明州总计约 13 万英里的公路里程中,主干公路系统约为 1.2 万英里。在 2010 财政年度总支出约为 14 亿美元。其中除了联邦政府的公式化拨款和指定式拨款,就是来源于州政府交通财税的州主干公路基金 STHF。图 4.2 显示了详细开支类别,最主要的几个方面包括:

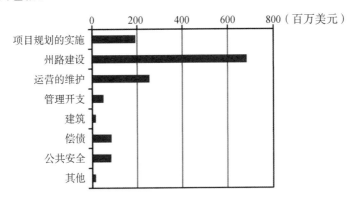

资料来源:明州众议员研究办公室:Url:http://www.house.leg.state.mn.us/hrd/pubs/ss/ssthf.pdf.

图 4.2　明州主干公路系统的资金划拨

(1) 州道路建设:这是数额最大的一个类别,包括道路建设的合同和咨询费用、建设材料购买,和路权购置(right-of-way acquisition)的相关开支。

(2) 运营和维护:包括扫雪、路障清除、常规性的道路修缮、交通指示信号系统,以及明州交通部设施的日常维护等。

(3) 项目规划和实施:包括项目前期准备工作如设计、工程和环境分析等,在建已建项目的管理,和整个州的系统规划。

(4)偿债:主干公路债券的还本付息。

(5)公共安全:主要包括州交通巡警的支出。

4.2 公交轨道系统的建设与运营

美国的生活方式对个人小汽车有很高的依赖度。公交(含轨道)系统被视为一种重要补充,带有一定的公共性和福利性。比如,明州的州宪法规定,州政府要为所有的县都提供一定的公交服务。尽管多数公交也要收取一定的票价,车票收入在公交经费里却只是很小一部分,主要资金来自联邦政府、州政府和地方政府的合力。这一小节先简单介绍明州公交系统所提供的服务,然后讨论相关的资金划拨。

4.2.1 双城公交系统的服务项目

明州总共有 500 多万人口,其中超过半数住在明尼阿波利斯市、圣保罗市以及双城周边的包含了 11 个县的双城都会区。① 明州的其他广阔地域通常称为 outstate,或者称为 Greater Minnesota,明州的公交系统也按这样的地域划分。在 2010 年,双

---

① 按照美国联邦统计局(Bureau of Census)的划分,完整的双城都会区(metropolitan statistical areas, MSA)除了明尼苏达州的 11 个县外,还包含威斯康辛州的临近两个县。MSA 是一个统计的概念,不是行政区划或城市规划概念。一个或若干大城市以及周边有密切工作通勤关系的区域,达到一定规模后,就称为一个 MSA。因此,都会区可以跨越州边界。

城都会区内的公交运营开支约为 1.8 亿美元,在 Greater Minnesota 的公交开支约为 1.6 亿美元。两个地区的资金划分大致与所占人口比例相当。在双城都会区内的公交服务,归都会区委员会(Metropolitan Council)负责。在都会区之外的其他地域的公交系统,则归明州交通部的公交办公室协调管理。目前,明州双城地区的公交系统包括将近 1600 辆公共汽车、24 辆轻轨车辆,总计 206 多条线路。该系统包括如下几项服务:

(1) 都会公交(metro transit)。这是双城地区常规线路的公交系统。早先是私营的,1970 年公有化之后,称为 Metropolitan Transit Commission;1994 年后该机构取消,直接归都会区委员会协调管理。

(2) 都会活动能力(metro mobility)。这是为双城地区残疾人士提供的门对门的特别交通服务。这种服务称为"社会福利交通"(human services transportation),其经费不是来自交通部门,而是联邦政府和州政府的社会福利支出的一部分。①

(3) 自愿独立的系统(opt-out systems)。metro transit 并没有覆盖整个双城都会区。从 1986 年以后,郊区的一些县市选择退出 metro transit 服务,而是依赖他们自己的郊区公交系统。

(4) 社区公交系统(community-based systems)。双城地区的其他一些近郊或郊区社区也有自己的公交服务,并得到一些都会区经费资助。

---

① 参见明州双城都会区委员会的网页:http://www.ci.new-hope.mn.us/ eservices/documentcenter/pdf/services/metro_mobility_facts.pdf.

（5）轻轨(light rail)。目前已通车的 Hiawatha 轻轨线路联通明尼阿波利斯和布鲁明顿(Bloomington)两个城市中心，包括双城国际机场。

（6）北极星通勤列车(northstar commuter rail)。这是双城区域的第一条通勤火车，连接明尼阿波利斯市和西北面的圣克劳(St. Cloud)市。

除了明州双城都会区之外，明尼苏达州还有 70 多个县，多数也提供一些不同形式的公交服务。规模较大的如达鲁斯(Duluth)市的公交委员会，规模小的就只有来往于不同县市的少数几辆客车，这些公交服务的运营经费接受明州交通部公交办公室的一些资助，也可能有来自社会福利部门的一些支持。该部分公交系统包括如下几个类别的服务：

（1）城市系统（人口＞50000）：运行于较大城市地区的 6 个公交项目；

（2）小城市系统（人口在 2500 至 50000 之间）：运行于小城市地区的公交项目，目前有 16 个；

（3）乡村系统（人口＜2500）：有 43 个运行于乡村地区的公交项目，主要服务对象是偏远地区的县、很小的镇、印第安自留地或者一些社会服务机构；

（4）老年和残障系统：目前有 5 个根据客户需求运行的公交服务，都在较大的城市地区，主要服务对象是老年人和残障人士等。

4.2.2　来自联邦政府的公交经费

从 20 世纪 90 年代以来，美国联邦政府的交通部每年也从联邦公路基金里拿出一部分钱,用于补贴公交支出。联邦交通部的公交拨款是按照不同地区的人口统计状况来划拨的。之所以这样做,是因为公交服务有很强的规模效益。人口多而密集的地区,靠市场运作和自身财力的结合来运行公交,有比较强的可行性;人口稀少的偏远地区,在公交财政上则需要大量依赖外来补贴。对人口规模超过 5 万的城市化地区,联邦公交委员会有专门的城市化地区公式化拨款。在明州,有 7 个都会区得到这种拨款。这些地区里,人口规模大于 20 万的地区,相应拨款只能用于公交资本性支出和规划,不能用于运营,明州双城都会区就属于这一类。对于人口规模超过 5 万但小于 20 万的地区,公交拨款的使用比较灵活,可以用于资本支出、规划和运营等各个方面。在明州,除了双城之外的其他六个都会区都适用这个条款。城市化地区的这些公交经费是直接划拨到各个都会区的,由这些地区直接使用。

人口规模小于 5 万的乡村地区可以得到联邦交通部的另外一种公式化拨款。1999 年,明州有 54 个机构申请到了这种拨款。这些机构包括地方政府、非营利组织、印第安部落和一些提供城市间公交服务的组织。这些拨款的申请要通过明州交通部的组织协调,款项也由交通部负责管理,具体可以用于乡村地区公交服务的资本性或运营支出。联邦交通部的公交经费一般要求州政府和地方政府提供一定的资金配套。比如,符合联邦政府拨款条件的地方政府如果购买公共汽车(算资本性支出),一般由联邦政府出 80%,而地方政府自筹其余的 20%,联邦政府对鼓励的特定项目可能降低资金配套要求。比如,如果地方政府购买更环保的绿色新能源公交汽车,联邦政府可能出 90%,地方政府则需要承担 10%。

除了交通部门外,美国联邦政府还有相当部分的公交支出是用于和社会福利政策有关的免费交通服务。以双城都会区的都会活动能力项目(metro mobility)为例,这是根据美国联邦残障法(Americans with Disabilities,ADA)为残障人士提供的交通服务。残障人士可以通过电话预约得到专用车辆门对门的接送服务,如果预约不到专用车辆,残障人士可以寻求出租车或其他市场化服务,每单程可以报销 20 美元。这笔开支的大小不需要经过划拨,完全随需求而定。[①]

4.2.3 来自州政府的公交经费

明州政府对公交系统的拨款主要来自一般性财政拨款和一定比例的汽车销售税。双城地区 11 个县的相应拨款直接归双城委员会管理。其他部分由明州交通部公交办公室负责管理。具体做法是通过一个叫 Public Transit Participation Program(PTPP)的项目,接受明州其他地方(Greater Minnesota)的公交服务申请,提供一定拨款。根据明州法律 § 174.24 条款,申请 PTPP 经费的机构,可以是在特定地域内提供公交服务的县、市或者任何组织。州政府的公交拨款也有一定的地方配套要求,具体配套比例根据不同类型的服务而定。目前的做法是,城市系统和小城市系统要求地方配套 20%,乡村系统以

---

① 根据联邦和各州社会福利政策的分工,这笔开支可以部分归联邦政府负责,部分归州政府负责。最近美国交通财政的一个研究热点,就是如何协调社会福利交通,以提高效率和节省开支。参见笔者完成的一份小报告:Zhao(2013)。

及老年残障系统则只要求地方配套 15%。

4.2.4　公交运营的经费趋势

　　在讨论公交财政时,一般要区分资本性支出和运营型支出。因为资本性支出的时间分布往往非常集中,而运营型支出在不同年份之间的波动相对较小。在公交设施的资本性支出里,联邦政府可能承担 80% 甚至更高的比例,其余主要来自地方政府。在公交系统的运营方面,尽管有些票价收入,政府的财税补贴也占了相当的比例。图 4.3 的柱状图显示了明州双城都会区公交系统的日常运营在 1994—2007 年期间的资金结构。图中的公交车票收入,在 1994 年大概占了 1/3 左右,到 2007 年则只有 1/4。这个比例和发展趋势在美国大城市的公交系统里很有代表性。也就是说,公交系统(含轨道交通)一般都是无法依靠票车收入来维持运营的,需要政府以各种财税手段(如地方房地产税或者可选销售税等)来补贴,而且补贴的比重日益增大。虽然图中没有显示最近几年,但新近数据也延续了这个趋势。在 2009 年和 2010 年,美国经济危机导致失业率上升,明州公交系统的上座率降低,这也导致了车票收入的下降。近几年里,公交上座率有所回升,但是票价收入占公交运营的比重还是远低于 1/3。

　　图 4.3 中联邦政府对公交的运营补助,自 2000 年以来有显著的增长。州政府一般性财税经费的划拨,在这段时期里也保持了一定的增长势头。剩下两个部分是地方房地产税和州汽车销售税。在 2001 之前,地方房地产税是都会区公交系统运营的最大资金来源,将

近占了1/3。2001 年之后明州有一次法律调整,不允许再用地方房地产税来支持都会区的公交设施。同时,州政府划拨了更高比例的汽车销售税用以支持公交,以弥补资金缺口。在美国大多数都市地区,房地产业主里大部分是依赖个人汽车的中高层收入群体。他们本身不大乘坐公交系统,对以房地产税来支持公交设施往往有抵制情绪。明州的这次公交财税调整,很大程度上也是源于地方房地产业主的政治压力。在 2008 年以后,地方政府又恢复了公交运营的支持,只不过换了一种方式。正如前面章节里提到过的,双城地区里有 5 个县批准了 0.25% 的地方销售税,用于补贴公交(图中没有显示)。对房地产业主来说,用地方销售税来支持公交,其"政治可接受度"比房地产税高,因为税负分摊相对均匀,而不是集中在业主们的身上。但是,从另一个角度看,地方销售税比房地产税更为累退,这样的调整增大了低收入群体的财税负担。

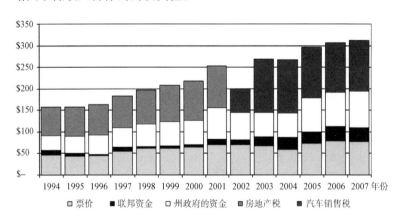

资料来源:Metropolitan Council.

图 4.3   明州双城都会区公交系统的日常运营资金

4.3　地方道路系统的资金分配

地方道路系统(local roads)指的是由地方政府负责建设维护的较低等级公路以及地方街道等。这里所说的地方政府包括明尼苏达州的 87 个县(county),800 多个城市(city or municipality)和 1000 多个镇(township),不包括特别地方政府如独立学区(independent school district)等。县、市和镇各自负责一些地方道路的修建和维护。学区不承担道路系统方面的责任;尽管也提供校车交通服务,但其经费来自教育部门,因此不在这里详细阐述。

在前面章节我们已经提到,明州地方政府用于交通设施的资金来源包括来自联邦和州政府的交通拨款,但更多的是依赖地方政府自己以房地产税或其他筹集的财税资金。不同类型的地方政府,对上级政府交通拨款的依赖度不同。在县政府负责的低等级公路里,也有部分用于过境交通,因此得到较多的转移支付资金;市和镇主要负责的是城区的街道系统,更多依赖的是城区里自己收取的房地产税。以 2010 年为例,明州各县交通资金的自筹比例约为 50%,城市和镇的相应自筹比例则高达 85%。笼统地看,明州地方政府的自筹资金占了地方道路开支的 65%,在州和地方所有的道路开支里也高达 50% 左右。相比之下,联邦和州政府的燃油税和其他一些交通专项款虽然是主干公路的主要来源,在包含高低不同等级的整个道路系统中的比重却只有 20% 不到。

在这一小节,我们着重讨论的是和地方道路相关的资金分配和管理方式,其鲜明特点也是法律化和公式化的管理,以及地方政府跨层级或同级别间的协作。

4.3.1 联邦政府对地方道路的资金分配

地方政府向联邦交通部申请地方交通补助,主要通过明州的8个交通片区来进行。图 4.4 显示了明州这 8 个交通片区(ATP)。前面提到过,交通片区 ATP 是一种交通协作组织,是地跨几个县的政府间协调合作机构,其成员包括明州交通部在该区域的代表、都会区规划组织、区域发展委员会,和片区内的县市政府等。ATP 的主要职责之一,就是协调地区的交通规划以及向联邦申请拨款。

以图 4.4 中的第 8 区为例,该 ATP 包含了明州西南部的 12 个县。每年由 ATP 决定哪些地方项目应纳入州政府的交通改善规划(state transportation Improvement plan),然后可以申请专项的联邦拨款。相关款项可以用于不同的交通模式,如地方道路、桥梁、交通安全设施、公交设施的资本性投入、铁路安全项目等。从2011 年以来,这个片区里每次争取到的联邦拨款里,大约 76%(这是个软指标,即"soft target")用于州政府在该片区的项目,其余24%用于地方政府自己的交通项目。用于地方交通项目的那部分联邦经费,再以软指标的方式进一步分配;其中,大部分用于地方和路桥,小部分用于地方公交、铁路安全等其他用途。用于地方路桥的那部分联邦资金,再通过片区里的地方政府交通工程师们的年度会议,来决定具体的建设路段。路段的选择也是公式化的,考虑因素包括道路里程和道路状况等。每个县每年都得到一个公式化的经费指标,当经费指标积攒到一定程度后,才可以争取该年度的路段建设资金。争取到的建设资金也不是直接发放下来的,一般先有合同,再从相应资金中得到报销。[①]

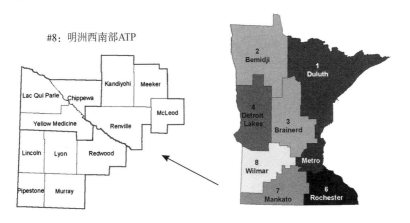

资料来源:明州交通部。

图 4.4　明州的八个 ATP 交通片区

4.3.2　州政府对地方政府的交通补助

明州政府对地方政府的交通补助通过三种不同的方式发放:一是给明州各县的 CSAH 公路补助,二是给较大城市的 MSAS 城市街道补助,三是州政府一般性财税拨款或辅助性融资手段。

1. 县公路补助

明州的主干公路称为 trunk highway,是归州交通部直接管理

---

①　详见明州中部发展委员会的网页:http://www.mmrdc.org/transportation.html.

的。一部分较低等级的公路归明州各县所有,但也接受州政府的专项交通补助,这个系统称为县公路补助 country state-aid highway system,CSAH)。各县都想把自己更多的公路历程纳入CSAH 系统,以减轻自身的财政负担。但是,CSAH 系统的认定权取决于明州交通部,考虑因素包括交通量、功能级别、区域性连接功能等。目前,整个明州大概有 3 万英里的公路在 CSAH 系统里,占各县公路总里程的 2/3 左右。

根据明州宪法,CSAH 系统里的公路每年得到一定的公式化拨款,总额为明州所有交通专用税费里 95％公式化发放资金中的29％(参见图 4.1),这些拨款专门用于 CSAH 系统内公路的建造、改善和维护。CSAH 拨款在各县之间的分配是这样的:其中 10％的经费由 87 个县平分;10％的经费按各县的车辆登记输分配;30％按照各县的 CSAH 车道里程分配;剩下的 50％按照各县的交通财政需求来分配。交通财政需求的衡量,是通过专项研究来确定的。具体做法是先设立某个特定的州立标准,然后衡量各县的CSAH 公路和该标准之间的差距,看需要多少资金才能把县里相应等级的公路都提高到达标水平。

2.城市街道补助

明州还指定一部分的交通专用财税用于人口超过 5000 的城市,以支持主要城市街道的建设、修缮和维护。这个系统称为城市街道补助(municipal state-aid street,MSAS),目前涵盖了 136 个城市里3000 多英里的街道。其中,Chisholm 市的人口在 2000 年美国人口普查并不足 5000,但这个城市早先已经包含在该系统中,所以继续得到承认(这在美国叫"grandfather rule",也相当于国内"老人老办法"的政策变通)。符合人口规模的城市可以向州交通部申请,争取将自己的部分街道纳入 MSAS。是否批准的决定权在明州交通部,考虑因素包括交通量、功能级别以及街道在城市重要节点的作用等。每个城市最多只能把自己 20％的街道纳入 MSAS。

根据明州宪法,MSAS 系统每年可以得到明州所有交通专用税费里 95％公式化发放资金中的 9％(见图 4.1)。这笔资金在各市之间的分配规则如下:50％根据参与城市的人口分配,另外的 50％根据参与城市的资金需求分配。与 CSAH 资金需求的衡量类似,MSAS 的资金需求,也是看各个城市的参与街道要提高到特定州立标准所需要的资金。

诸如此类的公式化拨款,不仅在交通部门的资金划拨里很常见,也是美国政府转移支付的一种典型方式。相对固定的公式化运作,其降低了拨款决策的随机性。对上级政府来说,照章行事可以减轻实施管理的负担;对下级政府来说,也避免了申请过程中上下疏通的很多麻烦。这些拨款公式可以说是既"复杂"又"简单"。之所以说复杂,是因为公式里包含很多部分,体现了对很多不同方面(比如说人口、车道长度和现有设施水平等)的统筹考虑和均衡安排。之所以说简单,是因为公式的每个部分都只涉及最简单的加减乘除,便于公众理解。公式中所涉及的一些划分比例,可能有赖于一些专门的相关研究;但这些基本公式的确立与调整,在更大程度上是利益相关者长期以来反复协商、讨论和妥协的结果。

3. 州政府一般性拨款和辅助融资

州政府给通过一般性财税资金补贴地方政府交通的情形很

少,仅限于某些特定项目。不过,这几年来州政府通过放行州债券等形式,加强了对地方交通项目的融资辅助工作,很大程度上降低了地方政府交通项目的融资成本。

州政府为地方政府提供融资辅助的一个方式是交通滚动贷款基金(transportation revolving loan fund,TRLF)。该基金创立的背景源于 1995 年美国联邦政府开始推行的州基础设施银行(State Infrastructure Bank,SIB)。SIB 是由一个州或多个州联合建立的基金,为州政府和地方政府基础设施提供滚动贷款。希望通过针对性的贷款从优质投资项目获得回报,并用不断滚动增值的启动资金支持更多的基础设施。1997 年,明州立法成立了交通滚动贷款基金 TRLF,由明州交通部以及明州贸易与经济发展部的明州公共设施委员会(Minnesota Public Facilities Authority)共同创立和管理。交通部主要负责交通项目的筛选,而明州公共设施委员会负责入选项目的财务分析以及贷款条款。该基金成立的当年,联邦政府拨款将近 400 万美元,再加上州政府提供的配套资金,就成为基金的启动经费。可以向 TRLF 申请融资辅助的机构包括州政府、县、市或者其他政府性组织。TRLF 提供包括直接贷款、贷款担保、信用增级、设施融资租赁、债券保险等多种形式的融资辅助。①

在 2002 年,州政府新设立了一个地方道路改善项目(local road improvement program),主要提供两个方面的资助。一个称为"主干公路走廊账户"(trunk highway corridor account),为县、

---

① 详见明州交通部投资管理办公室的网页:TRLF Open Solicitation Announcement,http://www.dot.state.mn.us/planning/program/trlf.html.

市和镇等地方政府提供贷款,用于各自辖区内主干公路改善中所需要的地方配套资金。这个账户的资金来源是州政府发行的一般性债券。州政府发行的债券以整个州的信用为担保,风险较小因而利息较低。这些贷款虽然不是直接给地方的财政补助,但也为地方政府降低了融资成本。另一个称为"区域重要性账户"(regional significance account),为县、市和镇提供贷款或小额补助,用于有区域性重要意义的城市街道、县级公路或者镇级道路。经费发放的选择标准包括项目的区域重要性、解决交通瓶颈、受益群体规模,以及对地方经济发展的推动等。在 2005 年之后,为了提高乡村地区的交通安全,又增设了一个"乡村道路安全账户"(rural road safety account),提供补充性的财政拨款给 CSAH 系统内的县公路,主要用于降低交通事故率和减少生命和财产损失。资金发放靠地方政府申请,挑选的主要标准是申请项目是否能降低交通事故的预期。[①]

---

① 详见明州交通部投资管理办公室的网页:TRLF Open Solicitation Announcement,http://www.dot.state.mn.us/planning/program/trlf.html.

第 5 章

美国交通财政的一些新近议题

美国从 20 世纪 50 年代逐步建立起来的交通财政体系曾经取得很大的成功。州际高速公路系统在 20 世纪 80 年代基本完成,当时在国际上处于领先地位。州政府和地方政府通过多种财税手段,也为地方道路建设筹措了大量的资金。但是,进入 21 世纪以来,因为交通财税增长赶不上交通需求的提高等原因,现有的交通财政体系开始面临严峻挑战。最近几年里,美国国会先后组织了两个专门委员会评估全美的交通发展现况,这两个委员会分别是国家地表交通政策的资金研究委员会(National Surface Transportation Policy and Revenue Study Commission)和国家地表交通基础设施财政委员会(National Surface Transportation Infrastructure Financing Commission)。他们发布的两份研究报告一致认为,美国联邦政府和州政府以燃油税为基础的专用交通基金体制不足以提供足够的未来交通资金,美国必须急切寻求新的交通投融资手段,以替换或者补充现有交通财税机制。[①] 在这个章节

---

① 在美国国会成立的两个专门委员会中,前者创立于 2005 年,在 2008 年撤销。报告题为 Transportation for Tomorrow: Report of the National Surface Transportation Policy and Revenue Study Commission, 2007, http://transportationfortomorrow.com/final_report/index.htm。后者成立于 2005 年,在 2009 年撤销。报告题为 Paying Our Way: A New Framework for Transportation Finance, 2009, http://financecommission.dot.gov/Documents/NSTIF_Commission_Final_Report_Mar09FNL.pdf。

里,我们先简单讨论美国燃油税交通体制的困境,然后介绍一些美国交通财政改革和创新的新近议题。在很多议题上,明尼苏达州在美国常常处于交通研究和实践的前列。不过这些议题不限于明州,也适合美国其他很多地方。

5.1 美国燃油税交通体制的困境

图 5.1 来自兰德公司(Rand Corporation)的一份研究报告,以加州的州燃油税为例,非常形象地显示了美国现有燃油税交通体制的困境。1970 年,加州的专用汽油税是每加仑 7 ¢,在随后的几十年里逐步提高到了每加仑 18 ¢。表面上看,汽油税的税率提高了

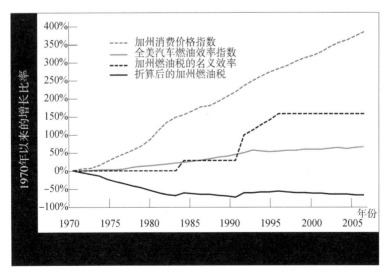

资料来源:Moving Los Angeles by Paul Sorensen,http://www.uctc.net/access/35/access35_Moving_Los_Angeles.shtml.

图 5.1　加州汽油税增长和实际购买力下降

1倍多还不止。但是,在同样一段时期内,通货膨胀(消费者价格指数CPI)提高了将近4倍,同时汽车的燃油效率(行驶英里/加仑)提高了将近65%。经过通货膨胀和车行里程折算,加州汽油税的实际购买能力在2005年只有1970年时的1/3左右,远远不能满足道路系统维护的需要。补充说明一点,加州还对汽油额外征收了一层一般性销售税,本意是用于支持公交系统,但在实际中却经常被用于填补加州政府的日常运营亏空,同此,那部分资金并没能有效缓解交通资金的短缺。

系统地看,美国联邦和各州的交通专用燃油税普遍存在如下几个问题:第一,燃油税是按体积(加仑)而不是按价格征收。近几十年的汽油价格上涨降低了相关需求,因而造成燃油税收入减少。第二,燃油税的税率没有和通货膨胀挂钩,这就导致燃油税购买力随通货膨胀逐年下降。第三,汽车燃油效率的提高,尤其是各种新型动力汽车的出现,进一步降低了燃油消耗和燃油税收入。第四,从联邦到各个州,燃油税的税率调整都面临很大的政治阻力。尽管社会各界对交通需求得不到满足有一定共识,民众对税率上调持普遍的抵制态度,民选官员也将提高燃油税的各种方案都视为危险的"政治雷区"。

只从解决资金不足的角度看,上述这些问题似乎都可以通过燃油税的调整来解决。比如,可以考虑把燃油税和通胀挂钩,改燃油税为按价格征收,或者大幅度地提高现有燃油税的税率。与很多其他国家相比,美国的燃油税其实是很低的(见图5.2),应该有较大的提升空间。然而,衡量政府财税手段还要看经济有效性。

对交通投融资来说,重点就看设施受益和出资是否相互匹配。正
是在这一点上,以燃油税为主导的现有体制凸显出越来越多的问
题,比如,燃油税和车辆驾驶日益不匹配,燃油税低廉导致负面经
济外部性,驾驶者付费造成其他受益者的"免费落果"(windfall
benefits),以及车辆直接收费和其他市场手段的缺失,等等。[①] 在
下面几个小节里,我们将针对这些问题,分别介绍美国交通财政投
融资正在研究和尝试中的一些新举措。

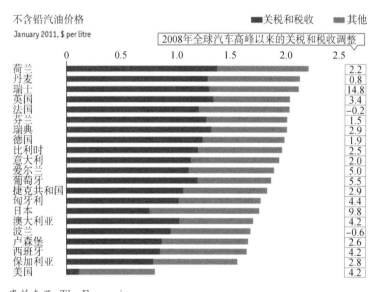

资料来源:The Economist.

图 5.2　各国汽油税和汽油价格比较

---

① 有关美国以专用燃油税为主导的交通财政的系统性问题,更多讨论见
Zhao et al.(2014)。

5.2 从燃油税向里程收费过渡

1956 年美国通过的《联邦高速公路法》(Federal-Aid Highway Act)确立了交通专用的联邦燃油税,其出发点是基于"使用者付费"的基本原则(user-pays principle)。也就是说,道路系统的主要受益对象是机动车辆的驾驶者,因此他们要为道路使用行为支付合适的税费。在当时,各种车辆的燃油效率比较接近,燃油消耗也就成为驾驶行为(也就是驾驶者受益程度)一个方便的衡量方式。因此,以燃油税为交通专用资金,在当时是符合经济有效性的,因为燃油税的负担和驾驶者的受益程度是大体匹配的。

然而,近些年来,很多混合能源车辆(hybrid vehicles)甚至不使用燃油的车辆纷纷涌现,它们的市场占有率也逐渐成为不可忽略的一部分。例如,在 2013 年引起很大市场反响的跑车 Tesla Roadster,纯粹依靠电动机驱动,顶级时速可达 200 公里/小时,百公里加速时间只需要 4 秒钟。该车尽管售价昂贵,却吸引了大量富有的消费者。这些新能源车辆也使用道路设施,但公共部门却无法从相应的驾驶行为上得到足够的燃油税收入。这样一来,交通专用燃油税也就失去了原来"使用者付费"的经济学基础。另一方面,高收入阶层拥有新车的比例较高,往往有比较高的燃油效率,他们的燃油税负担也就比较低;相反,收入较低的阶层大量使用的旧车往往有较低的燃油效率,因此对燃油税的贡献更大。这种"劫贫济富"的福利补贴,很不符合社会公平原则。

　　为了解决燃油税和车辆驾驶日益不匹配这个问题,这几年来美国在积极探索的方案之一是里程收费(英文有很多不同叫法,最近常用的是 Mileage-Based User Fees,简称 MBUF)。在国际上,里程收费的一个成功范例是德国的收费货车系统。该系统覆盖德国境内将近 8000 英里的高速公路网络,在这些路段行驶的所有重型货车(不分车辆国籍)都安装了一个特别的卫星定位 GPS 设施,以此监测车辆行驶里程并确定收费,其定价取决于行驶距离、车轴数目和车辆排放标准。^① 在美国处在里程收费探索前沿的有俄勒冈州、华盛顿州和明尼苏达州等州,其中最为成熟的是俄勒冈州的 Oregon Road Usage Charge。^② 俄勒冈州的里程收费尝试始于 2001 年,已经有过多轮不同形式的试点。2013 年 7 月,俄勒冈州通过了法案 SB-810。根据该法案,征集了 5000 个驾驶者,对他们征收每英里 1.5￠的里程费,同时退还每加仑 30 ￠的州燃油税。行驶里程的具体衡量方式有多种选择,包括智能手机定位、卫星 GPS 定位和驾驶者自己申报等,这些方式各有优劣。

　　里程收费可以实现交通财税和道路使用的直接匹配,有利于用恰当的价格机制规范和引导驾驶行为。但是,里程收费的大范围推广,在美国还面临着两个难题。^③ 第一个难题是民众隐私权

　　① 有关德国收费货车系统的更多信息,参见如下网页:Truck Toll System in Germany,http://www.rastanlage-inntal.de/? PkId=178&LCID=1033.
　　② 更多相关信息,参见 2013 年 7 月的媒体报道:Nation's First VMT Fee Bill Passed by Oregon Legislature,http://www.planetizen.com/node/64078.
　　③ 参见美国收费公路联合会网站上对我们研究项目的报道:National Tolls Recommended to Replace Gas Tax-Humphrey School,U Minn,http://www.tollroadsnews.com/node/5457.

的保护。美国民众对政府太多介入个人生活是非常忌讳的。如果依靠 GPS 随时对每个车辆进行卫星跟踪,就存在私人信息被人掌握甚至被滥用的危险。可能的解决方案之一是采用相对"模糊"的里程记录方式。例如,明尼苏达大学正在尝试的一种技术,是通过蜂窝电话基站进行行驶车辆初略定位。一方面,这种检测方式满足了里程计算和分类(例如城区或郊外)的需求,另一方面,也避免涉及过于详细的个人出行信息。另一个方案则依赖于简单的汽车里程表读数。优点是实施成本低廉也可避免民众隐私泄露,缺点则是信息相对简单,而且存在作弊危险。在俄勒冈州现行的试点项目中是允许参与者自主选择几种里程记录方式,主要目的就是为了消除民众隐私方面的顾虑。另一个难题则是里程收费的实施成本高昂。美国联邦燃油税是通过燃油上游市场的几个集中分配点收取,管理上非常高效,征收 1 美元燃油税的平均管理成本只有 5 ¢,也就是 5%。如果是采用 GPS 或者蜂窝手机基站进行里程收费,就必须在车里加装特别设备并定期检修,大大提高了运行成本。根据目前估计,收取里程费的平均管理成本至少达到所收费用的 20%。① 不过,也有学者认为,里程跟踪的技术还在初步尝试阶段,只要大规模试验并推广,收费成本也还有较大下降空间,也许在若干年内可以下降到所收费用的 15% 甚至 10% 以下,那就有了较高的可行性。②

---

① 参见明州双城地区媒体对我们研究团队的一篇专门报道:Pay Tax by the Mile, Not Gallon? http://www.startribune.com/business/yourmoney/120195829.html.

② 据我们了解,一些著名机构包括 IBM 公司、兰德集团和明尼苏达大学都在积极研发各种里程跟踪技术,希望抢占新的技术标准。

从燃油税向里程收费的改革,涉及的不单是纯粹的技术问题,还需要很多政策方面的研究,例如民众认知度和接受程度、决策程序和制度设计、多级政府之间的衔接,以及政策转型期的过渡,等等。这些方面就是本人所参与的一项新近研究项目的讨论重点,成果报告题为《从燃油税到里税收费:理由、技术和政策过渡》(From Fuel Taxes to Mileage-Based User Fees:Rationale, Technology, and Transitional Issues)。[①] 在这份报告里,我们对政策的过渡和衔接有两点特别建议:第一,在里程收费正式推广并成为交通财税的主导模式后,还可以保留一定税率的燃油税,主要用于环境保护。第二,也可以考虑分政府层级采用不同交通财税手段。在近期和中期之内(10 年到 20 年里),在联邦政府保留一定的燃油税,以满足基本交通需求;州政府可以根据自身需求,增设一定的里程收费,作为本州交通设施的资金补充;地方政府还是沿用当前模式,在接受联邦加州政府的交通拨款之外,依赖地方房产税和其他财税手段来支持地方道路发展。从长期来看,我们还是建议在联邦内实施统一的里程收费:里程跟踪和收费的实施层级越高,相应的管理成本越低。

5.3 多种形式的拥堵收费

理想的交通税费手段不仅应当满足交通设施的建设和维护要

---

① 参见美国收费公路协会的网站对我们研究课题的专题报道:National Tolls Recommended to Replace Gas Tax-Humphrey School, U Minn, http://www.tollroadsnews.com/node/5457。该研究报告可从互联网上直接下载,网址是:http://www.its.umn.edu/Publications/ResearchReports/pdfdownload.pl? id=1560.

求,而且能够用适当的价格信号调整用户行为,以纠正负经济外部性。美国大都市地区大多面临严重的交通拥堵,原因之一就是道路使用的成本偏低。前面已经提到,美国的汽油税远比其他很多国家低。根据美国地表交通基础设施财政委员会(National Surface Transportation Infrastructure Financing Commission)的报告,把联邦政府、州政府和地方政府的燃油税都算上,车辆行驶的平均燃油税大概是每英里 3 ¢。相比之下,在高峰时期拥堵的高速公路上新增加一部车辆,其综合社会成本(包括道路维护、空气污染和拥堵延误时间损失等)则高达 10 ¢到 29 ¢。很显然,美国的燃油税率远低于经济学上的合理水平,这是美国高度依赖个人小汽车的主要原因,同时也造成了驾驶行为过度的不经济现象。

缓解这个问题的一个对应方案,就是拥堵收费(congestion pricing),国际上最著名的有新加坡和伦敦等城市的案例。在 20 世纪 90 年代之前,对于道路资源非常有限的新加坡来说,堵车也一度是政府最头疼的难题之一。从 90 年代之后,新加坡政府实施了严格的车辆定额分配制。汽车上路需要投标购买的机动车牌照,听说从实施以来激增了几十倍,目前可能达到车价的 3 倍之多。除此之外,新加坡还征收车辆注册和附加注册费、汽车关税、燃油税等税费,以高额的用车成本限制了个人小汽车的拥有。在 1998 年之后,新加坡进一步实施了公路电子收费系统(electronic road pricing,EPR),这是一个利用现代通信手段在拥堵路段进行自动收费的系统。进入城市中心区的汽车经过若干收费站时,ERP 系统通过专有无线电通信网络,自动从安装在车辆内的智能卡上收取费用。从那以后,在新加坡很少出现拥堵现象。相应的这些做法,也成为世界各地积极学习效仿的对象。

英国伦敦实施的是一种在市中心收取通行费(cordon pricing)的做法。cordon 的本意是警戒线,大概指的就是政策划定的特定收费边界。从 2003 年 2 月开始,伦敦开始在市中心实施该项交通拥堵收费。从星期一至星期五(法定假日除外),早 7 点至晚 6 点进入市中心收费区的所有车辆都必须缴纳 8 英镑,并将缴费证明摆在明显位置以便监察。未缴纳费用的车辆可被罚款 180 英镑之多。该措施实施以来,对减缓市区拥堵成效显著。研究表明,拥堵收费区内的车辆数目在两周之内减少了 20%。根据调查显示,这些放弃驾车进入拥堵收费区的人们有 50%—60% 选择了公共交通,20%—30% 选择了绕行此区,另外的 15%—25% 的人选择共用车辆进入收费区。虽然拥堵收费降低了到市中心的出行人数,但是同时改善了通行效率,市区内的商业零售营业额仅降低了 7%,对经济活动的影响远低于原先的一些悲观估计。在 2007 年之后,该措施的覆盖范围扩大到西伦敦——市中心以外的地区。

在美国,有关拥堵收费的各项措施和尝试经常统称为"依值定价"(value pricing),得到联邦政府的各种鼓励和支持,经过都市地区的美国收费高速公路,在很多地方都采取分时段收费。定价时既区分是否周日,也看是否上下班的高峰时段,这都可以算是"依值定价"的范畴。不过,这里要介绍是在城市内部专门针对拥堵收费的两个案例,分别在纽约市和明尼苏达州的双城地区。纽约作为美国最大的城市,长期受交通拥堵的困扰。2007 年 4 月,纽约市长提议仿效伦敦的 cordon pricing 措施,在城市中心曼哈顿地区对车辆收取拥堵费。计划的收费时段为工作日的早 6 点至晚 6 点,一般车辆收费为 8 美元/辆,比伦敦的市中心收费约便宜一半,货车收费为 21 美元/辆,公交以及出租车免费。预计这项措施可以在纽约市减少 5% 的车流量。此计划经历了纽约市各区议员一年多的争论,其中历经了数次修改,包括收费价格改变、区内注册的车辆不收费,以及按照车牌限制进入拥挤区的新建议等。可是,该计划在缓解曼哈顿地区拥堵的同时,可能对布鲁克林区、皇后区等其他纽约地区的交通产生不利影响,也因此引发很多争议。2008 年 4 月,该计划在决策的最后时限内未能进入投票表决流程,最终宣告流产。纽约市政府也因此损失了联邦政府对其解决交通拥挤问题所提供的一笔 3.54 亿美元的专用资助。

纽约曼哈顿的拥堵收费计划失败了,但是明州双城的一项 HOV 转化为 HOT 的动态收费项目却取得很大的成功。HOV 指的是 high-occupancy vehicle,HOV 车道也就是高载车辆专用道,往往是在城区高速公路中左右边增设出一米的车道只允许两人(或更多)以上乘客的车辆使用,意在鼓励拼车减缓拥堵。1991 年以来,美国联邦政府大力鼓励 HOV 道的建设,为之提供 90% 的联邦政府补助,促成了大量 HOV 车道的建设。HOT 指的是 high-occupancy toll,这样的车道对有多位乘客的车辆还是免费的,单人车辆则需要缴纳一定的收费。HOT 的一种新型做法是动态收费(dynamic pricing),来实时调整的价格来确保车道的交通顺畅。以明尼苏达双城地区为例,就有多条由 HOV 车道转变而成并且实时

动态收费的 HOT 车道。最早启用的 I－394 MnPASS 项目，从都
会区的西面进入城区中心，全长大概 10 英里左右。乘坐两人以上
的车辆，可以免费使用该道。单人车辆则通过车上安装的电子感
应器收费。动态收费的价格显示在 HOT 和一般车道分开的入口，
单次收费为 0.25—8 美元，每 3 分钟自动调整，以确保该道上
55mph(英里/小时)的顺畅车流。

　　有一段时间里，该路段正好是我上班的必经之路。所以我
有使用 MnPASS 的亲身体会。只要短短几分钟，通过网络注册
MnPASS 账户并预付 100 美元后，我就成为了 MnPASS 用户。
一周内收到了邮寄过来的电子感应器(transponders)，和老式
BB 机一般大小，可以直接粘贴到汽车前窗玻璃上。上路使用
的体验很好。HOT 和通常车道是并行的，中间只以双黄线标
志隔开。离 HOT 车道入口几百英尺之外，就可以看到 HOT
标牌上的收费价格，过往车辆可以根据显示价格决定是否进入
HOT 车道。在两边车道的交通都非常顺畅时，HOT 的收费很
低，通常是 0.25 美元；当上班高峰时段道路出现拥堵时，HOT
的价格就实时上涨，我见过好几次 2—3 美元的。进入 HOT 入
口时，车上的电子感应器接收到电子信号发出"嘟"的一声，就
表示收费完成。如果车上有多名乘客，则把电子感应器关掉，
也就可以免费通行。要不要缴费走 HOT 道呢？在交通顺畅
时，两边车程时间相差无几，但是 0.25 美元的收费也低到近乎
可以忽略不计。在交通拥堵时，缴纳 2—3 美元之后大概能帮
我节省出 10 分钟，在需要赶时间的情况下就显得非常值得了。

我后来看过一些相关研究，MnPASS 项目获得很大成功，既提高了原有 HOV 道的使用率，又有效降低了其他车道的拥堵程度，而且取得了很高的公众支持率。其经验在美国得到了广泛推广，类似做法也开始在其他很多州被采用。

在前面一个小节里，我们提到美国正在考虑从燃油税向里程收费的转变。采用里程收费的另一个好处，就是便于拥堵收费的广泛实施。如果采用卫星定位和其他技术精确记录车辆运行的时间和位置，就可能采用大规模的动态收费措施。不仅可以像新加坡和伦敦那样对进入特定城区的车辆收费，而且可以在收费标准上区分城区城外里程、区分周日周末或区分高峰小时等，甚至可以在驾驶的车辆上实时显示里程和收费信息，最大限度地利用价格信号引导交通行为。

5.4　溢价归公在交通财政中的运用

不论是燃油税还是讨论中的里程收费，都是针对驾驶者这些交通设施的直接受益者。其实，交通设施改善也为特定区位的房地产业主或开发商带来了好处，具体表现为更高的物业价格或者更好的开发机会。单纯以交通使用者为对象来定义的"使用者"付费，往往忽略了其他受益对象（如房地产业主和开发商），使得他们得以免费享用"落果"（windfall）。如果能有合适的财税手段，让这些房地产业主和开发商也分担适当的交通财税责任，就能提高设施受益和财政负担的匹配程度［这就是"溢价归公"（value

capture)的概念〕,不仅可以补充紧缺的交通资金,还可以提高这个
交通财政系统的经济有效性。

表 5.1　在交通财政的总体框架中认识溢价归公

资金模式	受益方		受益衡量方式	财税工具	资金用途	
					前期成本	运作成本
General Revenue	General Public		General tax base growth	General fund allocation; property tax; transportation sales tax	•	•
Value Capture	Restricted nonuser beneficiaries	Landowners	Land value growth	Land Value Taxes	•	•
			Property tax growth	Tax Increment Financing	•	
			Assessed special benefits	Special Assessment	•	
			Transportation utility	Transportation Utility Fees		•
		Developers	Off-site development opportunities	Development Impact Fees	•	
			Off-site access benefits	Negotiated Exactions	•	•
			Development privileges	Joint Development	•	•
			On-site development opportunities	Air Right	•	•

（续表）

资金模式	受益方		受益衡量方式	财税工具	资金用途	
					前期成本	运作成本
User Fees	Users of transport-ation facilities	Vehicle operators	Gas consumption	Gas taxes	•	•
			Mileage	Mileage-based charges	•	•
			Vehicle units/types	Vehicle sales tax；license tab fee；wheelage charges	•	•
			General access rights	Tolling		•
			Demand-controlled access rights	Congestion pricing		•
			Rights to incur environmental impacts	Transportation environmental taxes/fees		•
	Passengers		Ridership	Fare or permits		•

资料来源：Zhao et al.(2012).

　　面临交通资金的短缺，美国很多地方政府都在积极尝试和扩展用不同形式的溢价归公。2009 年，明州议会委托明尼苏达大学进行一项专门研究（Value Capture for Transportation Finance）深入探讨了溢价归公在交通财政中的应用。表 5.1 就来自我们为这个课题所撰写的报告，目的是从交通财政的总体框架中认识溢价归公的内在逻辑以及不同手段。

　　评估交通财政手段的一个要点，就是设施收益和财税负担是否匹配。从这个根本原则出发,表 5.1 显示了世界各国交通财政的三种根本模式,一般性资金(general revenues)、溢价归公(value capture)和广义的使用者付费(user fees)。首先,对美国公众来说,最为熟悉的是使用者付费,因为这也就是美国现行联邦和州燃油税的理论基础。当然,正如本章前面讨论的,燃油使用不是机动车驾驶者从道路系统收益的唯一衡量方式,美国正在讨论的里程收费制度,就是为了创建一种更好的使用者付费制度。其次,和很有针对性的使用者付费正相反的是用一般性财税资金支持交通。所谓一般性财税资金,指的是征收时没有特别指定用途,留待预算程序划拨的政府财税。[①] 用一般性财税支持交通,也符合交通财政的收益匹配原则,因为交通设施的改善不仅方便了机动车使用者,对整个社会经济活动都有普遍的促进作用,因而在一定程度上也适合由所有的社会公众来公共支持。这种模式在欧洲国家得到广泛的使用,[②]而且也和美国地方政府用房地产税支持地方交通一脉相承。最后,从收取对象的广度来说,溢价归公正好在前两个模式(针对性的使用者付费和笼统的一般性税费)之间。溢价归公的征收对象,是一部分非交通用户的受益者(在英文里本人称之为 restricted non-user beneficiaries),也就是因区位优势而从交通改善中获利的房地产业主和开发商。

---

①　和一般性财税资金相对应的就是特别性财税资金(special revenues),转款专用的燃油税交通基金就是一个典型的例子。

②　欧洲不少国家虽然收取很高的燃油税(见图 5.2),但并不把燃油税作为专用的交通资金,而是汇入一般性财税资源使用。所以说,这些国家的交通财税是一般性资金模式,而不是使用者付费模式。

根据不同形式的溢价及其受益对象,我们总结了两个类别共八种不同的交通溢价归公方式。[1] 在第一个类别里,针对房地产业主,政府可能采用的手段包括土地价值税、税收增额融资、特别征收和交通市政费。(1)土地价值税(land value tax)是只对土地(不含地面房产)征收的不动产税,而不是像现在普遍实施的房地产税那样对土地和地面房产收取同样税率。土地价值税比现行房地产税更能充分回收土地溢价,因为基础设施带来的效益往往集中体现为土地的升值。[2] 另外,土地价值税鼓励优势区位的地表开发,有利于高密度城市土地利用和遏制城市蔓延。(2)税收增额融资(tax increment financing,TIF)是一种项目融资方式,承诺以未来一定时间(如 25 年内)的房地产税增额来偿还私有部门的前期设施投入。TIF 是在不增加政府税收的前提下实现设施改善,很容易得到开发商和居民的支持。但 TIF 也有缺点,政府在合同期间放弃了房地产税增额,可能面临严重的公共服务财务压力。[3] (3)特别征收(special assessments)是在特定区域内(special assessment districts,SAD)对业主根据设施直接受益征收的一笔税费。对政府来说,这是普遍征收的房地产税之外的补充资金。但其征收要通过一定政治和法律程序,以得到业主的主持,技术要求和交易成本都比较高。[4] (4)交通市政费(transportation utility

---

[1] 有关这些方式的介绍和评估,详见我们的研究报告:"Value Capture for Transportation Finance",http://www.cts.umn.edu/Research/featured/valuecapture/.

[2] 参见本人就近完成的一份研究报告,Zhao(2014b)。

[3] 参见 Zhao(2010b)。

[4] 参见 Zhao and Larson(2011)。

fees,TUF)以市政收费的形式、按照估算的交通设施使用度对房产进行收费,有别于按房地产价值分摊的传统做法。TUF 把税费和房地产的道路使用率直接联系起来,更好地符合使用者付费原则。在实施上,TUF 在减轻居住产业的税收负担的同时加重了商业地产负担,容易遭到商业部门的抵制。

在第二类别里,针对房地产开发商,政府可能采用的溢价归公方式包括开发影响费、协商获取、捆绑开发或者空权开发。(1)开发影响费(development impact fees,DIF)一般应用于新区开发,是对新上马的建设开发项目收取一笔专门费用。例如,对多层公寓开发的每个居住单位收取 2500 美元,用于回馈先前基础设施投入,如动迁、场地平整的水电设施的接通等。在这方面,佛罗里达州和亚利桑那州等州有比较多的尝试。(2)协商获取(negotiated exaction)是政府通过协商的方式免费(或低价)获得交通设施用地(transportation right of ways),业主则得到更好的开发机会。这一类例子在发展中国家(包括中国)中比较常见。缺点是主要依赖一对一的协商,交易成本较高,也缺乏透明性。(3)捆绑开发(joint developments)包括很多不同的具体形式,可以让政府从交通设施附近的私有开发活动中获益,或者让私有开发机构分担部分设施成本。亚洲地区的一些捆绑开发案例,在国际上引起很多关注。例如,香港地区的地铁建设,就从地铁沿线的土地开发得到很多资金。[①] (4)空权开发(air rights development)是充分利用交通设施的三维空间,批租或出让设施用地的空权,以供房地产开发,换取

---

① 参见 Zhao et al.(2010a)。

一定资金,以回馈交通设施的改善。因为空权开发涉及较高的初建成本,只有在土地资源稀缺的地段(如纽约市中心),才具备从空权开发中收取资金的潜力。此外,空权开发对规划和环保的技术要求也比较高。近些年来,美国好几个城市尝试在市区局部地段的高速公路上加以铺盖("Lid"),以提供绿化广场等开放空间。这也算是空权开发,但是需要政府政府的财政支出,并不能为交通设施提供补充性的财源。

美国的不少溢价归公方式都建立在现有房地产税的基础上。事实上,房地产税本身就可以看做一种最基本的溢价归公,因为业主从基础设施的改善中收益时,直接体现为房价及地价的上涨,也同比会相应贡献更高的房地产税。从这个意义上看,新近的溢价归公讨论,可以视为对现有房地产税的精细化运作。房地产税是面向某个地方政府辖区内的所有纳税房地产,而溢价归公针对的对象群体往往更小,针对的设施收益也更直接。他方政府以溢价归公来支持交通,要面临的最大一个挑战是民众对的普遍抵制。因此,溢价归公的成功,不仅有赖于交通设施效益的准确测算,更需要有良好的民众参与和沟通机制,其中包括特定的政治决策程序和法律诉求方式等。可以说,溢价归公的各种探讨和尝试,包括各种制度的设计、实施和调整,都处于美国地方财政创新和发展的前沿,这也将是近些年来我们持续研究的一个重点。

5.5 交通财政中的公私合营伙伴关系

细心的读者可能已经发现,这份报告里讨论美国交通财政很少提到一些"市场化"运作方式,例如引进民资修建收费公路或者公私合营等。事实上,在目前这个阶段,美国的收费公路在道路里程和道路资金中所占的比重都极低。而且在相当有限的收费公路项目中,也只有一小部分涉及私有部门的资金投入。最近一段时间,在联邦政府的鼓励下,很多州政府和地方政府积极探讨在交通发展中更多地利用私有资金,例如建立公私合营关系(public-private partnerships,PPP)等。但总体而言,相关决策仍然步履谨慎。[①]

简单回顾美国的道路发展历史,在早期也有过与中国类似比较依赖私有资金和收费道路的阶段。比如说,在 1790 年左右,美国政府意识到自身财力无法满足道路建设(当时还是用于人行和马车)的需求,开始依赖私有企业的力量,带来了早期收费公路的兴起。[②]1792 年,美国最早的私有收费公路(private turnpike)公司在宾夕法尼亚州成立,其他州迅速效仿。到 1830 年,美国的收费公路公司多达近千家。[③] 这些公司多是私有股份制的,希望通过收费盈利来分红。但人们很快发现,尽管收费公路带来了间接经济效益,多数路段无法从收费中直接盈利,在经历了普遍的股票暴跌之后,不少收费公司宣告关闭,其他公司则政府补贴、社区集资或社会名流的无偿捐助来保持运营。美国早期的私有收费公路热潮,在 1890 年至 1920 年间的美国"进步时代"(Progressive Era)之

[①]　参见 Zhao(2011)。

[②]　Durrenberger(1981)。

[③]　参见 Klein Majewski(2010)。

后逐渐降温。这是美国社会活动和改革繁荣的一个时期,强调对政府的净化,消除腐败和打击政治寡头。当时的主流政治思潮是政府积极主导的政策变革,认为公路这样的公共物品不应该由私有部门来拥有和运营,因此提出逐步废除私有收费公路。同时,新兴交通工具,包括自行车和汽车的逐渐推广也对路面提出了新的要求,同时催生了新的政府交通投资机制。

从 20 世纪 30 年代以来,美国开始筹建完整的州际高速公路系统,当时对是否依赖公路收费或其他财税手段的问题,曾有过激烈的争论。1956 年通过的《联邦公路法案》里,最终确定了以专款专用的联邦汽油税为基础、免收费的交通财政模式,基本沿用至今。20 世纪 50 年代到 20 世纪 80 年代,通常被称为美国无收费公路的"州际高速公路年代"。到 1991 年为止,美国已经建成了 45074 英里的高速公路网络,其中联邦政府的汽油税专用基金承担了将近 90% 的经费,其余 10% 左右来自各个州政府的自筹资金,来源包括州汽油税或其他交通专用资金。除了当时已经运营或大体建成的收费路段,法律禁止在接受联邦资助的高速公路上收费。[①] 从 20 世纪 90 年代以来,联邦法律有所放宽,有的州又开始在部分路段实施收费。不过直到现在,美国收费公路占整个路网的比重还是非常低。从高速公路资金来源看,近四十年的统计显示,联邦政府和州政府的汽油税始终是最主要来源,占年度经费的 50%—60%,而收费所占比重一直在 10% 以下,2005 年约为 5%。从里程的角度看,2011 年美国州际高速公路(Interstate System)里收费部分

---

① Gómez-Ibáñez, et al.(1993).

有 3149.9 英里,和将近 5 万英里的整个 interstate 系统相比,只占 6％左右。如果算上其他州和地方高速公路,总共收费里程也只有将近 5000 英里,在总共将近 400 万英里的公路里程中,仅占千分之一。[①]

在国际上,和收费道路密切相关的,有一些交通发展中引进民资的公私合营关系(PPP)。例如,在中国比较常见的"建设—运营—移交"(Build-Operate-Transfer,简称 BOT)模式中,往往由私有部门先投入资金进行建设,然后收费运营一段时间(以得到回报),再移交给公共部门。和其他很多国家相比,美国交通发展中的 PPP 运用程度很低,直接原因之一,大概就是因为在相当一段时间里法律禁止在联邦资助的高速公路上收费。没有收费公路,自然也就没有靠收费来获得投资回报的私有资本介入公路部门。除此之外,有人认为美国历史上少用 PPP 的原因是因为动力不足。在燃油税专用基金制度刚建立的头几十年里,美国政府的交通资金是相当充足的,而且,美国的州政府和地方政府在发行市政债券时,因为得到联邦政府的间接财务补贴,融资成本相对低廉。[②] 相当一段时间里,专用财税资金和政府融资满足了美国联邦加州政府交通发展的需求,因此就没有了私有融资的动力。不过,近十几年来,随着美国交通财政的资金日益短缺,很多州政府和地方政府

---

　　① 参见赵志荣(2014)。

　　② 民众投资于州政府和地方政府市政债券,从中获得的利息收益可以免缴联邦政府的个人收入所得税。因此,如果某家庭的边际收入税率是 20％,从市政债券中得到的 4％收益既相当于其他融资手段的 5％收益。因此,州政府和地方政府的市政债券的利息,都会比类似风险等级的市场债券来得低。

开始积极考虑通过收费公路和 PPP 补充交通资金的可行性,也一定程度上得到了联邦政府的支持和鼓励。

美国在交通发展中 PPP 的利用程度很低,这其中也有着非常强的政治原因。这里的政治指的是不同党派的政治理念,以及民众对政府的信任和控制力。我们最近的一份研究发现,偏共和党的州比较支持各种 PPP 尝试,大概因为共和党的理念里更偏向自由市场而不是政府财税干预;偏民主党的州则很少批准 PPP 项目上马,可能担心市场利益的引进可能导致交通公共利益的损失。在有些地方,民众基于对公私两个部门相互勾结的担心,对 PPP 甚至采取一概抵制的情绪化态度。[①] 2011 年本人完成了明州交通部委托的一项研究,题为《保障公路 PPP 发展中的公共利益》(Advancing Public Interest in Public-Private Partnership of State Highway Development)。研究发现,民众对 PPP 的很多顾虑,其实来自对相关概念的模糊认识、不切实际的期望,以及法律和管理手段的不完善。要恰如其分地用好 PPP 这个工具,需要深入了解 PPP 的实质及各种类别,认识 PPP 在交通发展中的优劣,以及如何在 PPP 的采纳和实施中切实保障公众利益。[②] 总的来说,很多民众反对 PPP,是基于对收费道路"市场化运作"的排斥,担心私有部门在经营期间出现不合理的收费现象。相应的解决方案有多种形式,包括特定的参与式决策程序、对私有部门投资回报的合理限制,或者间接收费制度等。以下用几个例子介绍最新的一些相关

---

① 参见 Wang and Zhao(2014)。
② 参见 Zhao(2011)。

经验。

　　美国的收费路桥,可能由公有机构负责运营,也可能通过 PPP 的方式来管理。公营收费公路的定价,一般是通过特定的市政委员会(public utility commissions,PUC)来确定。以华盛顿州为例,州内收费路桥设施的定价和减免,由华盛顿州交通委员会(Washington State Transportation Commission)①负责。七名委员都由州长任命,任期一般为 5 年到 6 年。他们来自公共、私有或非盈利部门,有多年交通、规划或经济发展相关经验②收费分为很多种类,包括不同车型、是否为周末、不同时间,以及不同的缴费方式。定价时不仅考虑还债需求和维护成本,也兼顾最大交通通行。因为收费太低时,车辆增多导致设施拥堵,通行量会下降;而收费太高,会对车道的使用有抑制作用,通行也会下降。只有收费适中,才能保持最高通行。收费价格确立后,至少每年重新评估一次,并有特定的政治程序,包括会议公开、信息公开和公众参与等③。有关费用的征收,由华盛顿州交通部管理(可能承包给专门的收费公司),收取金额一律纳入州政府的财政部。

　　PPP 收费公路的定价更为复杂一些,既要保护私有经营方的合理

---

　　① 有关其他市政收费,该州另有一个华盛顿公用事业和交通委员会(Washington Utilities and Transportation Commission)。参见网站:http://www.utc.wa.gov/Pages/default.aspx.

　　② 参见网站:http://www.wstc.wa.gov/AboutUs/Commissioners/default.htm.

　　③ 信息公开和公开讨论的例子,参见:http://wsdotblog.blogspot.com/2013/03/the-washington-state-transportation.html 和 http://wstc.wa.gov/HighwayTolling/SR520Rates/documents/SR520__TollFact_Sheet_032913.pdf.

收益,也要防止他们收取垄断高价影响公众利益。有些 PPP 收费也通过市政委员会进行价格调控,例如弗吉尼亚州的 Dulles Greenway 高速公路。不过国际上更常见的,是另外两种方式:其一,是通过强制竞争,来限制回报率。例如英国的 M 6 收费公路,直接面临邻近免费路的竞争。加拿大多伦多的 HW407,则被要求有效降低相邻免费辅路的拥堵,否则罚款。在美国,加州高速公路 SR-91 也面临着邻近免费设施的竞争,因此不用直接限制回报率。其二,是没有强制竞争,但直接限制价格或者回报率(return of investment,ROI)。芝加哥的 Chicago Skyway 是个私有部门长期租用经营的项目,管制措施是直接的价格控制(允许每年根据通胀调整)。1990 年,加州交通部对四个计划中的 PPP 收费公路按照风险程度分别设定了最高回报率。其中,SR-125 的风险较小,最高 ROI 是 18.5%,超过的金额则归加州政府。SR-57 和 Mid-State Tollway 的风险较高,最高 ROI 分别是 20.25% 和 21.25%。对于 SR-91 的规定,则是 ROI 在 17%—23% 的区间时,收费金额与州政府分享,ROI 超过 23% 后的收费全归州政府。

除了直接收费,PPP 还可以采取一种叫"影子收费"(shadow toll)的间接收费制度:PPP 承包方的回报取决于车辆和里程等运营数据,但付费方并不是直接用户,而是特定政府机构。和传统式 PPP 收费相比,影子收费的好处有几个方面。一方面,对 PPP 承包方来说,避免了直接收费影响交通流的需求风险,降低了回报的不可预测性。另一方面,对政府来说,不需要对用户直接收费,绕过了收费公路立项的政治阻力,也避免了收费定价和调控的麻烦。此外,政府付费既可能来自一般性财源,也可以是交通专用款项,增大了资金筹措的灵活度。近些年来,美国一些 PPP 项目所采用的"通达付费"(availability payments),本质上也是一种影子收费。具体的做法,是根据合同规定,由特定政府机构(如州政府交通部)按照一定的绩效指标("project milestones")向私有承包方付费。相关指标可能包括项目完工时间、车道维护关闭率、事故管理,或者除雪服务等。有了这些指标的限制,承包方不单只希望项目及时完工,也有确保施工质量的动力,以减少将来运营期间的修理维护。和影子收费相比,通达付费与实际交通流更为脱钩,进一步降低了 PPP 承包方的市场风险。

有关收费公路和 PPP 的讨论,预计在近些年里会是美国交通发展讨论的一个持续热点。如何帮助决策群体、管理部门和一般公众更好地认识理解 PPP 和用好 PPP,是交通设施相关的公共管理研究的一个关键。①

---

① 2013 年,美国州议员联合会(National Conference of State Legislatures,简称 NCSL)发布了一份专门报告,题为 Public — Private Partnerships for Transportation: A Toolkit for Legislators。我担任这份报告的技术支持(Technical Resource)。报告全文可以从互联网上下载,http://www.ncsl.org/issues-research/transport/public-private-partnerships-for-transportation.aspx.

第 6 章

总结和讨论

在前面几章里,我们讨论了明州交通设施投融资的资金来源、项目间的资金划拨以及一些新近议题。在这结尾的最后一章,笔者打算以报告开头提出的 W5 设施受益分析框架为依托,做一些总结和讨论。对国外的读者来说,也许还希望看到对美国和中国国内基础设施投融资体系的比较分析,分析利弊得失,取长补短。笔者也曾这么打算,但现在下笔有些迟疑。困难来自于几个方面:

首先,是中国国内有关数据和文献的缺失。我们看到,美国的交通财政体系很复杂,但是整个体系透明空开。例如,有关项目间的资金划拨,在第 5 章里笔者不厌其烦地介绍了各种公式和比例。这其中的很多细节,本身对国内读者也许没有实在的意义,但我们从中可以体会决策公式化和制度化。我们知道,没有任何政策细节是完美的。透明和公开的一个好处,就是便于群策群力,一起对政策进行必要的修正和调整。相比之下,国内基础设施投融资的很多相关实践,对大众来说都似乎在暗箱之中。原因之一是中国发展太快,像踮着脚尖飞速旋转的舞者,快得顾不上寻找一个合适的平衡点,就急匆匆进入下一轮动作,更不用说进行冷静地总结和反思。更重要的是,国内还普遍缺乏公开讨论公共政策的风气。中国政府和业界尽管勇于创新和尝试,但因为各种原因,相关数据大多不会公布,相关情况往往"不着文字",只掌握在少数"有识之士"或"圈内人"手中。

其次,困难更来自于笔者自身知识和经验的不足。在乔治亚大学攻读博士和地方政府培训的工作经验,帮助笔者了解了美国州政府和地方政府系统,在明尼苏达大学的这几年,有幸涉及很多交通财政方面的重大研究课题,让笔者逐步加深了对美国交通财政体制的认识。研究美国州和地方财政,深入探究其中的机制,分析其中面临的诸多困难,并寻求可行的改善方式,这就是笔者现在的本职工作。和美国的情况相较而言,笔者对国内的相关政策和业界实践的了解,都要有限得多。近几年来,笔者经常回国走走看看,也有幸参与国内的一些相关讨论。和很多朋友和同行一样,对国内的基础设施的飞速发展而赞叹和感慨的同时,也有很多疑问和担忧。[①] 但是,身居海外,和中国有关的资料掌握不足,数据也不完备,笔者的观察可能很片面,观点看法可能也隔靴搔痒。对国内的相关问题,笔者绝不敢自认专家,不敢妄下什么结论,或者草率地出谋划策。在这份报告的结尾,在总结美国经验教训的同时,笔者只就从比较研究的角度提出一些问题,希望有助于大家讨论和思考。

---

① 参见 Zhao(2014a)。

6.1 Whom to benefit? 设施公共性与政府财税投入

对基础设施受益对象的分析,主要用来衡量设施服务的"公共性",也就是说,在多大程度上该项设施所提供的服务具有非排他性和非竞争性。"公共性"强的设施,理应更多依赖公有部门的投入;反之,"公共性"弱的设施则应该尽可能地交给市场自己去提供。以交通设施中的航空客运和城市道路为例,前者的排他性明显高于后者:因为只有买了飞机票的实名用户才能凭证登机,而城市道路中在一般情况下是自由通行的,不会或不便设置太多的关卡来限制使用。前者的竞争性也高于后者:不同的机型都有明确的座位限制,多一个顾客就少一个空座;而城市道路在不拥堵的情况下,多一辆车或多一个人,提高了道路的使用率,却不会带来太多的边际成本。因此,我们可以说,航空客运比城市道路有更低的"公共性"。不难理解,航空客运在大多数国家里都是由私有市场提供的,而城市道路则一般依赖政府的财政投入。

不论是美国还有世界很多其他国家,早期的公路发展历史往往有过度依赖道路收费的阶段,但随着现代财税制度的建立,道路收费往往退居补充性地位,只小范围地应用于个别路段。这份报告的第 4 章详细地介绍了明州交通设施投融资的资金来源,基本上都来自各级政府的财税收入。联邦政府有燃油税,明州政府除了有自己额外的燃油税,还有其他几项专用交通资金,地方政府则依靠一般性预算和公交专用可选销售税。州政府和地方政府虽然也发行一些市政债券用于交通设施建设,但是债券也需要用相关资金来源来偿还。第 6 章讨论新近议题时,我们提到美国对道路收费和公私合营的谨慎态度,同样也源于道路系统的公共性。作为使用非常普遍的一种基础设施,道路系统提高的效益,不仅体现在车辆使用者享受了方便,还表现为其他多种方式的间接利益。忽略道路系统的公共性,过度依赖直接用户收费,就会导致政府财税投入不足,带来多方面的问题。比如,如果要收取足够道路收费来支付系统的建设和运营费用,就可能造成收费太高,不仅提高了物流成本影响经济发展,其社会公平度也有待考量。实质上,相当于车辆付费者补贴其他间接享受交通便利的社会群体(例如房地产开发商或业主)。另一方面,如果把道路收费控制在调控交通行为的合适范围,又不可避免地造成资金不足和还贷困难。

笔者调研发现,国内对"市场化运作"的收费公路有非常高的依赖度,而政府对交通系统的直接财税支持相当有限,因此笔者很担心这种模式的可持续性。在早期建设投入使用的一些路段,盈利能力较强,大概足以回收成本。但随着公路网络的日趋饱和,新修的收费公路扩展到边远地区或交通量较少的路段,这些地方单靠收费就有可能入不敷出。其实,从美国和其他国际的经验看,也都有过很多次收费公路投资失败的例子。这不是因为经营管理上的疏忽,而是道路系统公共性的一个佐证。要降低国内的物流成本,尽早实现系统性的道路免收费,根本的解决途径也许还有赖于加大政府对交通的财税投入。

6.2 Where to benefit? 设施发展的政府间财政关系

满足"公共性"的特定设施需要政府的投入,究竟由哪一层政府(或公众)来担负相应的财政责任,则取决于设施受益的空间范围。公共设施的受益人集中在特定地域的话,设施成本理应由相应层级的地方政府来支付。公共设施的收益人分布在全国,则适合由中央政府来承担更多的责任。把这项原则应用到美国的交通设施方面,我们可以很好地理解各级政府对道路体系的责任划分。首先是全美的高速公路网络,其主要受益范围是全国,投入主体是联邦政府。其次是区域级的高速公路或主干公路,受益范围主要在本州,则由州一级的政府来承担。这些高等级的州内道路因为也部分服务于跨州的过境交通,因此体现出比较强的经济外部性。所以通过联邦政府的转移支付来提供一定补贴,以内化外部性和弥补各州投资动力的不足。最后是地方性的街坊道路。其最主要的受益人是当地的房地产业主,因为道路设施质量直接影响到他们的交通可达性和房地产价值。因此,美国的地方道路在很大程度上依赖于地方政府的房地产税。不消说,地方道路也有经济外部性的,所以地方政府在进行相应设施建设时,也得到联邦和州政府的专项转移支付。

前面章节里提到,笔者认为在中国国内应当降低收费公路的依赖度,同时加大政府直接投入。从政府间财政关系的角度看,各级政府的财政责任恐怕也要和道路系统的收益范围相对应。全国性高等级的路网系统,有高度的网络经济外部性(network externalities),同时有区域经济平衡发展的政策职能,应该是中央政府的职责。各省之内的城市间道路网络,受益范围主要在各省之内,应由省政府主要承担。这些网络在不同程度上也方便了跨省交通,因此可以考虑适当的中央或区域间补贴。城市里的道路系统,受益群体主要是当地居民的,适合用恰当的地方财税手段来支撑。对于某些特殊路段,例如机场连接高速路,主要使用群体明确,则比较适合考虑直接道路收费。在目前的情形下,国内道路交通系统的投入主体,好像主要是省政府和地方政府。在一定程度上,这算不算是中央政府的一种缺位呢?

与此相关的一点,是国内最近在积极讨论的大力发展公交的政策(其中也包含了城市轨道交通如地铁、轻轨或 BRT 系统)。报告的第 5 章讨论项目间的资金划拨时,提到美国联邦政府在公交设施上对地方政府有非常高的补贴,也许很值得国内借鉴。公交设施的初建和运营,都有赖于大量的政府投入。公交设施的社会效益,除了缓解城市地区的拥堵外,还包括有助于社会公平的实现,及保护环境。之所以有助于社会公平的实现,是因为低收入群体对公交系统的依赖度较高;之所以有利于环境保护,是因为公交出行比个人小汽车出行更为低碳环保。社会公平和环境保护都具有非常强的经济外部性,因此也比较适合由中央政府来承担。也就是说,中央政府鼓励发展公交的话,单靠"给政策"允许地方借债或者引进民资是不够的。公交系统的公益性和福利性决定了政府补贴的必要性;地方借债需要偿还,引进民资需要给予合理回报,最终还是有赖于政府财税的投入。真正的出路,也许有赖于中央政府在财政上的直接支持。

6.3 When to benefit? 受益时机和债务融资的谨慎使用

国际经验表明,长期效益是地方债务融资的必要条件,却不是充分条件。一方面,地方政府长期融资不适合用于日常的政府开支,或者只适合用于当期利益的公共服务;另一方面,有长期效益的资本项目可以考虑投融资手段,却不一定要用融资手段,也可能通过现金流支付,尤其是提供服务的政府层级较高的情况下。政府借债必然伴随着多方面的成本,包括:(1)政治成本,包括政府不顾未来超前透支的可能;(2)管理成本,因为债务管理需要专业技能;(3)市场成本,借债需要支付利息和其他发行成本;(4)其他机会成本,因为地方政府负债能力是有限的,债务负担越高,将来可以继续发债的潜力就越小。在可以考虑借债的前提下,如何权衡利弊,决定采用现金流或者债务融资,是近些年基础设施财政的一个实证研究热点。

道路设施有长期效益,某些情况下可以考虑债务或私有融资,然后长期偿还。然而,美国交通财政很让人惊讶的一点,是近几个世纪以来的交通投入大量依靠当期资金,而很少依靠跨期安排例如债务融资。深入考量各种原因,要按不同的政府层级来分析。就联邦政府而言,20世纪50年代建立了专款专用燃油税交通基金之后,在过去的几十年里,基本满足了年度交通拨款的资金需求,没必要进行债务融资。而且,就整个联邦政府而言,每年交通经费的划拨相对稳定,投资上不存在太明显的波峰波谷,也不需要通过债务进行跨期安排。在美国历史上,只有出现短期的大建设高潮时,如 20 世纪初的铁道大建设,或前几年的经济刺激计划,联邦政府才会用预算赤字的方式借债支持基础设施。

就州政府而言,交通经费的年度波动比联邦政府显著。在新修路段较为集中的年份,通过市政债券进行跨期安排的动机也较强。但是,州政府依赖专款专用的交通税,不宜发行由政府全额担保的一般性债券来支持交通;另一方面,州政府很少采用收费公路,也就不宜发行由道路收费来担保还款的项目收益债券。因为这两个原因,州政府用于交通的债券发行始终很有限。近些联邦政策修改后,在一定条件下允许用联邦交通经费作为债券还款担保,州政府交通债的使用才有了小幅上升。即便如此,这些债务也只是交通资金的使用在时间维度上的调节,并不是交通经费的补充来源。利用市政债券来支持交通发展的,其实只有美国的地方政府。首先,地方政府交通投入的年度波动高,因此更需要跨期安排。其次,地方政府的交通投入主要不是专款专用,而是依赖一般性预算划拨。因此,可以发行一般性债券,然后用未来税收(主要是房地产税)分期偿还,其实相当于用未来的房地产税间接补充了当前的交通经费。

相比之下,中国近年来交通设施大发展对债务融资的依赖度要高得多,尽管相关数据并不完备。有专家和学者认为,中国在缺乏政府财税支持的状况下,依靠多种金融手段迅速建立起了一个贯通全国的高速公路网络和领先世界的高速铁路,是举世瞩目的成就。不过,在总结成功经验的同时,我们也要看到现有发展模式的一些隐忧,并未雨绸缪,审慎筹划设施还款以及未来持续的交通投入。以国内的高速公路而言,交通需求较高的路段听说是可以盈利的,也许可以部分补贴没有盈利能力的偏远地区或偏僻路段。整个公路系统能否在合理的收费期内回收初建成本呢?这一点已经有一些专家表示疑问。在财政上更让笔者担忧的,是中国的高速铁路系统。从国际经验来看,高速铁路系统需要非常昂贵的财政补贴,而且经济社会效益也往往没有预期显著。[①] 中国人口密度比较高,上座率最高的个别线路也许还有运营持平或盈利的可能。但是,就整个网络而言,财政补贴大概不可避免。前期建设时依靠借债投入的几万亿,最后只能依靠中央政府来托底偿还。最近国内很多城市兴起地铁建设的热潮,将对城市交通的改善发挥巨大的影响。但是,我们也要同时冷静地看到相应的财务负担。规划中的不少地铁项目同样依靠债务融资,但很多人不一定了解的是,地铁运营单靠票务收入通常是不够的,同样需要大量的财税支持。总体来说,中国交通设施的飞速发展主要依赖债务融资,而这些债务的大部分估计没法靠设施运营来偿还,这种投资模式的可持续性令人担忧。

希望读者不要误会笔者的观点。本人很赞同中国目前大力发

---

① 从已有经验来看,快速轨道交通确实对个别区段的经济活动有明显的推动作用。但是,这种推动作用的相当部分是再分配,也就是说,可能伴随着其他区位经济活动的下降。

展基础设施的战略意义,但担心过于依赖债务融资的交通投入模式。因为交通系统有很强的公共性,除了个别路段、个别设施或者个别发展阶段外,其并不宜单独依赖直接收费作为偿债务或投资回报。在特定情形下,政府可以通过发行债券等手段筹措初始建设资金,但不能以借债来代替政府投入。因为借债并没有创造新的政府资金,只是资金在不同时间段的再分配。当设施收费不足以完全承担设施的建设和运营时,基础设施债务的偿还只好依靠中央托底或者进行延期支付。中央托底是把特定地区或特定设施的债务责任推给了全国,而延期支付则把债务责任推给了后代子孙。通过借债来支持这些项目的发展,容易造成"市场化运作"的财政假象,扭曲了地方政府设施投资的决策动机,进而因为投资主体不负责任的行为,导致市场短期过热和长期的财政风险。最近的一项政府新举措大力鼓励民资投入设施建设,但民资的投入是需要回报的。如果设施运营的盈利空间不足以产生足够回报,为了规范收费或者其他考量,将来可能还是需要政府贴补或者偿还民资。

要深入了解中国基础设施的投融资模式,还需要更多的数据和研究。本人只有"道听途说"的一些粗浅认识,以及基于已有文献的合理猜测,希望现实发展远比本人估计的乐观。即便如此,本人还是认为,将来一段时间内中国基础设施发展的一个关键,是理性预期设施收益,并为必要的偿债或财政补贴早做筹划。

6.4　Which mechanism to repay：多种手段相结合的受益回收机制

在第 5 章里,我们把世界各国的交通资金来源概括为三大途径:包括广义的"使用者付费";溢价归公;一般性财税资金(详见图 5.3)。一个成熟完善的交通财政系统往往是多种交通资金手段的结合。交通资金多元化的根本原因,在于交通财政的一条基本原则,就是交通受益和相关税负应该相匹配。满足这条原则时,合理的价格信号可以有效地引导交通用户、交通投资者和其他社会人群,达到社会资源在交通设施方面既高效又公平的最佳配置。因为交通设施有很多不同的受益对象,也有很多不同的受益衡量方式,故单一的财政手段往往不能很好地实现交通受益和相关税负的匹配。

关于"使用者付费",在美国交通财政的一个集中体现就是联邦和州的燃油税,其内在逻辑就是以燃油税消耗来衡量机动车辆的使用程度(即机动车驾驶者的受益程度),也以其他方式来衡量车辆的保有、使用或外部影响,美国也不同程度地使用其他一些使用费,例如根据车辆类型缴纳的车牌登记税、根据车辆在特定路段行驶收取的过桥过路费,或根据车辆使用的时段和地点收取的拥堵费,等等。近些年来,因为汽车燃油效率的提高等原因,美国开始担忧以燃油税为主体的交通财政模式的可持续性,并尝试以新型里程收费或其他手段来替代。这些相关努力的目的就在于"使用者付费"原则下具体手段的调整和完善。

用一般性财税资金手段来支持交通,这种做法不单是欧洲一些国家很普遍,其实也广泛地应用于美国地方政府。道路交通设施的改善,通常可以促进地方经济发展,扩展地方税收基础,和提高地方财政收入。[①] 地方政府通过年度预算程序,把部分一般性地方财税资金用于地方道路建设,就成为一种经济合理的投入手段。从 20 世纪 70 年代以来,随着房地产税税率和税负的普遍提高,美国民众对房地产税的进一步提高有强烈的抵触情绪,给地方政府造成很大的财政压力。有的地方政府转而收取地方可选销售税,有时也用于补贴地方道路资金。此外,地方政府也发行一般性市政债券,用来支持交通等基础设施建设,然后用一般性地方财税资金来偿还。这些做法,也都可以归入一般性财税手段支持交通的范畴。

相比于其他两大途径,溢价归公在交通财政中的使用在美国(或者说在全世界)还处于探索阶段。交通设施在给交通使用者带来方便的同时,也促进了特定区位的土地增值,并提供了更好的开发机会。各种溢价归公的财税措施,旨在于用精细的政策设计,从得益的业主和开发商那里得到一定的合理回馈来"反哺"设施提高,以达到双赢的目的。第 5 章里我们提到的八种溢价归公措施各有优劣,适合于不同情形,也各有法律、政治、管理和技术上的挑战。在这些方面,美国在积极学习和借鉴其他国家(包括中国)的经验和教训。比如说,捆绑开发("joint development")的很多典型案例都处于亚洲地区,例如日本东京的铁路/房产联合开发、中国

① 参见 Zhao(2015)。

香港的土地储备和出让("land bank"),以及中国台湾的土地整合
开发("land consolidation")等。①

三大类交通财政来源的理论框架,对中国也很有借鉴意
义。首先使用者付费,国内现有的收费公路可以归入这一类。
值得提醒的是,根据交通用户使用道路的不同衡量方式,还可
以有里程计费、拥堵收费、燃油税、排放税等其他做法。近几
年,国内不少学者建议借鉴美国的专用燃油税制度,以降低收
费公路依赖度,这样的发展方向也许是一种进步。但是,注意
到美国已经考虑进入"后燃油税"时代,正想方设法克服制度转
型的困难;中国没有交通燃油税的制度惯性,是不是可以发挥
"后发优势",直接跳过这种技术模式,像新加坡那样尝试新型
里程收费? 其次,让我们看看一般性财税资金(general
revenues)在交通方面的划拨。从国际经验来看,这一点才是国
内最亟待补充的。一方面,中央政府的一般性财税投入不足;
另一方面,地方政府又缺乏类似房地产税这样稳定税源。这些
目前中国收费公路过度依赖的原因,也是相关问题可能得以真
正解决的途径;其三,有关溢价归公的讨论,在中国有着特别的
历史意义。甚至说,处在高速城市化进程中的中国,应该是国
际上溢价归公研究和实践的风尖浪口。以中国的"土地财政"
来说,国内有很多争议,甚至有人认为是推高房价的罪魁之一。
笔者却觉得,几十年来不断完善的土地批租制度,从好的方面
看,是非常成功的中国式溢价归公。基础设施的改善带来土地

---

① 有关捆绑开发的更多介绍,参见 Zhao, et al. (2010a)。

价值提高,政府以市场化的批租手段(而不是行政划拨或私下协商)得到较高的土地财税,可以用来支持进一步的基础设施建设,形成一种价值创造和溢价归公的良性循环。当然,目前的土地财政制度也有一些亟待改进的弱点,以一次性征收的出让金作为政府当期开支的财源,财政持续性堪忧。未来的一个改进方向,笔者认为,应该是从目前这种"一次性土地财政"(土地批租)向规范的"常年化土地财政"(房地产税)转变,并辅以适当的民众参与和决策权力,让溢价归公透明化、制度化和常年化。

6.5　At what level? 受益回收的定价水平

不管是采取直接交通收费还是间接使用者付费(如燃油税等),都存在设施如何定价的问题。经济学上的理想方案,是让用户使用成本等于设施使用的边际成本,用价格信号引导设施的使用者和提供者,达到社会资源的有效配置。除了经济效率的考量外,设施的定价往往兼顾考虑社会公平。因此,在一定情况下,可能出现项目间、地域间或社会群体间的补贴。

美国交通的使用者付费主要是通过专款专用的燃油税,包括联邦燃油税、州燃油税还有一些地方政府的地方燃油税。但是,美国燃油税的税率远比其他很多国家低(详见图 5.2)。根据美国国会设立的一个交通财政特别委员会的报告,机动车行驶的平均燃油税是每英里 3¢ 左右,然而,其使用在拥堵的城区所造成的社会成本高达每英里 10 ¢ 到 19 ¢。① 以此,美国道路使用成本普遍偏低,导致个人对机动车辆的依赖程度过高,加剧了城区交通拥堵和环境污染。很多专家学者认为,要解决美国交通拥堵问题,单靠投更多的钱修更多的路是没用的,关键在于合理提高道路使用成本,用经济手段调控道路行车需求。

美国的道路直接收费的使用程度很低。收费标准考虑很多因素,例如客车货车、城区城外、周日周末、一天之内的不同时间,或者不同的缴费方式等。定价时不仅考虑还债需求和维护成本,也用价格手段引导交通流量的最大化。笼统地说,客运车辆在城区的典型收费在每英里 5 ¢ 到 15 ¢ 之间,与平均每英里 3 ¢ 的燃油税加在一起,大体接近道路使用的实际成本。随着科技手段的进步,新型的电子收费避免了对车流的阻碍,降低了收费成本,并且可能起到更灵活的拥堵调控作用。因此,新型收费道路(包括系统性的里程收费制度),大概会是未来几十年里美国交通实践和研究的一个热点。

因为个人小汽车的高度依赖,以及城市人口密度较低等原因,美国公交(含地铁轻轨等城市轨道)系统不是很发达,在设施定价上高度依赖政府补贴。公交系统的初建成本中,联邦政府的投入甚至比地方政府投入还要多。公交系统的日常运营费用,不仅来自直接的车票收入,还有大量的地方政府财税补贴,具体手段包括地方房地产税或者专用地方销售税等。公交系统的设施定价低,

---

① 参见 National Surface Transportation Infrastructure Financing Commission (2009)。

是有意识的政策引导。公交系统的使用可以减少个人汽车出行，缓解城区拥堵，有利于环境保护，并且具有一定的社会保障意义。相比之下，低收入群体更多地依赖公交系统来解决工作和生活的出行需要。福利性的公交政策，在美国还会继续实施，不过，在财政压力下，政府的相关决策也会保持谨慎。

就燃油税而言，中国的税率和美国的税率比较接近，在国际上也处于较低水平。不管是出于交通需求调控还是环境保护等方面的考量，大概都有较大的提高空间。另一方面，因为对收费公路的高度依赖，中国的道路通行费和物流成本都比较高。在收费公路的政策和管理上，也存在很多争议。[①] 借鉴其他国家的经验，中国大概应该逐步降低收费公路的依赖度，更多地利用间接的交通财税手段（如燃油税等）来弥补资金缺口。在公交方面，因为城市人口规模大密度高，中国城市的公交系统普遍比美国城市的来得完善。因为票价普遍低廉，设施运营可能一定程度上也得到政府财税补贴。不过，相关情况的了解和认识都还需要更多数据和资料。以财政手段来鼓励公交系统的发展，在中国应该是一个值得坚持的方向。需要注意的是，在规划和管理相关设施的时候，应当有更透明空开的数据、更细致的成本效益分析和更完备的财务筹划。

基础设施的定价不单是一个技术问题，也涉及相关决策程序和特定的契约关系。最近引发很多关注的节假日免费政策，就提供了一个很有意思的案例。技术上分析，应该通过合理的设施定价，调控道路使用行为，以提高道路系统的使用效率。收费设施在

---

① 参见新华网(2007)和环球网(2011)。

重大节假日免费为出行者节省了费用,却可能带来设施的大规模拥堵,导致时间资源的巨大浪费。如何权衡利弊？从管理的角度看,不管是收费对象、收费期限、收费价格,还是收费资金的使用,相应决策的制定和调整,需要一套合适完善的程序。比如说,节假日免费政策或类似决定的出台,如何听取民众的意见？最后,从法律的角度看,中国的收费公路大多涉及私有运营机构,带有复杂的PPP合约关系。由政府单方面决定设施免费或者其他收费更改,法律上是否合宜,对私有运营方又该如何补偿呢？对相关种种问题,都期待我们有更多的了解、讨论和思考。

参考文献

Burress, M. (2011), "Trunk Highway System. Minnesota House of Representatives Research Department", http://www. house. leg. state.mn.us/hrd/pubs/ss/ssthf.pdf.

Burress, M. (2013a), "Highway Finance Overview", Minnesota House of Representatives Research Department, http://www. house.leg.state.mn.us/hrd/pubs/ss/sshwyfund.pdf.

Burress, M. (2013b), "County State-Aid Highway System", Minnesota House of Representatives Research Department, http:// www.house.leg.state.mn.us/hrd/pubs/ss/sscsah.pdf.

Burress, M. (2013c), "Municipal State-Aid Street System", Minnesota House of Representatives Research Department, http:// www.house.leg.state.mn.us/hrd/pubs/ss/ssmsas.pdf.

Chantrill, Christopher (2012), "Government Spending Details", http://www. usgovernmentspending. com/year_ spending_ 2012USbf_ 13bs1n_50#usgs302.

Coyle, David, et al. (2011), "From Fuel Taxes to Mileage-based User Fees: Rationale, Technology, and Transitional Issues", Intelligent Transportation Systems, University of Minnesota, http://

www. its. umn. edu/Publications/ResearchReports/pdfdownload. pl? id =1560.

David, Irvin (2013), "Nation's First VMT Fee Bill Passed by Oregon Legislature", Planetizen, http://www. planetizen. com/node/64078.

David T. Litvack and Mike McDermott (2003), "Special Report: Municipal Default Risk Revisited-Amended", Fitch Ratings, June 23. http://www. alacrastore. com/research/fitch-ratings-Municipal _ Default_Risk_Revisited_Amended-175412_report_frame

Diers, J. W. and A. Issac (2007), *Twin Cities by Trolley: The Streetcar Era in Minneapolis and St. Paul*, Minneapolis: University of Minnesota Press.

Denison, Dwight, Merl Hackbart, and Michael Moody (2009), "Intrastate competition for debt resources". Public Finance Review,37 (3): 269—388.

Durrenberger, J.A. Turnpikes (1981),*A Study of the Toll Road Movement in the Middle Atlantic States and Maryland*, Valdosta, GA.: Southern Stationery and Printing.

Gas Price Watch (2013),"U.S. Gas Taxes Information", http://www.gaspricewatch.com/web_gas_info.php.

Gravelle, Hugh and Rees, Ray (2004),*Microeconomics* (3rd Edition), Pearson Education Canada.

Gómez-Ibáñez, Jose A., and John R. Meyer (1993), *Going Private: The International Experience with Transport Privatization*, Washington, D.C.: The Brookings Institution.

Greenstein, Robert and Kogan, Richard (2011),"A Constitutional

Balanced Budget Amendment Threatens Great Economic Damage: Raises Host of Problems for Social Security and Other Key Federal Functions", Center on Budget and Policy Priorities, http://www.cbpp.org/cms/? fa= view&id=3509.

Hartgen, David, et al. (2010), "19th Annual Highway Report", Reason Foundation.

Holeywell, Ryan (2012), "CBO: Highway Trust Fund Account Goes Broke in 2013", Governing. http://www.governing.com/blogs/ fedwatch/cbo-highway-trust-fund-account-goes-broke-in-2013.html.

Iacono, Michael, et al. (2009), "Value Capture for Transportation Finance: Report to the Minnesota Legislature", The Center for Transportation Studies, University of Minnesota, http://www.cts. umn.edu/Publications/ResearchReports/pdfdownload.pl?id=1160.

Kane, M. (2008), "20 Years behind: Highway Spending and Revenues by Minnesota's State Government 1986—2006", Growth & Justice, http://greatdivide.typepad.com/across_the_great_divide/ files/20yearsmnhwys_kane2008021.pdf.

Klein, Daniel B. and John Majewski (2010), "Turnpikes and Toll Roads in Nineteenth-Century America", http://eh.net/encyclopedia/ article/klein.majewski.turnpikes.

Krane, Dale, Rigos, Platon, and Hill, Melvin B. (2001), *Home Rule in America: A Fifty State Handbook*, Washington, D. C. Congressional Quarterly Press.

Lari, Adeel, et al. (2009), "Harnessing Value for Transportation Investment: Policy Summary", The Center for Transportation Studies, University of Minnesota. http://www. cts. umn. edu/

Publications/ResearchReports/pdfdownload.pl?id=1158.

Lari, Adeel, et al. (2009), "Value Capture for Transportation Finance: Technical Research Report", The Center for Transportation Studies, University of Minnesota, http://www. cts. umn. edu/ Publications/ResearchReports/pdfdownload.pl?id=1184.

Litvack, David T. and McDermott, Mike (2003), "Special Report: Municipal Default Risk Revisited", Fitch Ratings, June 23.

Malm, Liz and Prante, Gerald (2013), "Annual State-Local Tax Burden Ranking (2010)——New York Citizens Pay the Most, Alaska the Least", Tax Foundation, http://taxfoundation. org/article/annual-state-local-tax-burden-ranking-2010-new-york-citizens-pay-most-alaska-least.

Metropolitan Council (2008), "Metro Mobility", http://www. ci. new-hope. mn. us/eservices/documentcenter/pdf/services/metro _ mobility_facts.pdf.

Minnesota Department of Finance (2009), "Economic Forecast", http://www.doer.state.mn.us/fu-current-fore.

Minnesota Department of Transportation (2009), "Statewide Transportation Policy Plan: 2009—2028", http://www. dot. state. mn.us/planning/program/trlf.html.

Minnesota Department of Transportation (2013). "Area Transportation Partnership", http://www.dot.state.mn.us/planning/program/atps.html.

Minnesota Office of the Legislative Auditor (1997), "Highway Spending", http://www.auditor.leg.state.mn.us/ped/1997/hs97.htm.

Musgrave, Richard Abel and Musgrave, Peggy B. (1989), *Public Finance in Theory and Practice*, McGraw-Hill College (5th Edition).

National Conference of State Legislatures (2013), "Public-Private Partnerships for Transportation: A Toolkit for Legislators", http://www. ncsl. org/issues-research/transport/public-private-partnerships-for-transportation.aspx.

National Park Service (2004), "A Few Facts about Earmarks in SAFETEA-LU ", http://www. nps. gov/transportation/tmp/documents/Reauth/EarmarksSAFETEA.pdf.

National Surface Transportation Infrastructure Financing Commission (2009), " Paying Our Way: A New Framework for Transportation Finance ", http://financecommission. dot. gov/Documents/NSTIF_Commission_Final_Report_Mar09FNL.pdf.

National Surface Transportation Policy and Revenue Study Commission (2008), "Transportation for Tomorrow: Report of the National Surface Transportation Policy and Revenue Study Commission", http://transportationfortomorrow.com/final_report.

New York State Comptroller (2014), " Local Government and School Accountability ", http://www. osc. state. ny. us/localgov/training/modules/capplan/one/index.htm.

Oates, W. E.(1999), "An Essay on Fiscal Federalism", *Journal of Economic Literature*, 37(3), 1120—1149.

Oliff, Phil (2013), "Recent Deep State higher Education Cuts May Harm Students and the Economy for Years to Come", Center on Budget and Policy Priorities, http://www. cbpp. org/cms/?fa=view&id=3927.

Patashnik, E. M. (2000), *Putting Trust in the U.S. Budget: Federal Trust Funds and the Politics of Commitment*, Cambridge

University Press: New York, NY.

Peter G. Peterson Foundation (2013), "A Timeline of the FY 2014 Federal Budget Process", http://www.pgpf.org/Media/Interactive/2012/05/30/Interactive-Budget-Timeline.aspx.

Reuters (2010), "Chart of the Day: U. S. Taxes", http://blogs.reuters.com/felix-salmon/2010/12/06/chart-of-the-day-u-s-taxes/.

Ryan, B. (2006), "Local Road Tax Options: Is Minnesota Really that Different? A Report for Minnesota Department of Transportation", The Center for Transportation Studies, University of Minnesota, http://www.dot.state.mn.us/research/TS/2006/200617.pdf.

Samuel, Peter (2000), "Putting Customers in the Driver's Seat: The Case for Tolls", Reason Foundation Policy Study, No. 274, Los Angeles, CA.

Samuel Peter (2011), "National Tolls Recommended to Replace Gas Tax——Humphrey School, U Minn", Tollroadsnews, http://www.tollroadsnews.com/node/5457.

Schultze, Charles L. (1998), "A Capital Budget for the Federal Government?" http://www.brookings.edu/research/testimony/1998/04/24federalbudget-schultze.

Seely, Bruce E. (1987), Building the American Highway System: Engineers as Policy Makers, Philadelphia: Temple University Press.

Shah, Anwar andBoadway, Robin (2006), *Intergovernmental Fiscal Transfers: Principles and Practice*, World Bank Publications.

Sorensen, Paul (2009), "Moving Los Angeles", http://www.uctc.net/access/35/access35_Moving_Los_Angeles.shtml.

Tax Foundation (2011), "Map: State Sales Tax Rates as of January 1st, 2011", http://taxfoundation.org/article/map-state-sales-tax-rates-january-1st-2011.

Tax Foundation (2011), "The Latest on Property Taxes", http://taxfoundation.org/blog/latest-property-taxes.

Tax Foundation (2012), "Annual State-Local Tax Burden Ranking (2010)——New York Citizens Pay the Most, Alaska the Least", http://taxfoundation.org/article/annual-state-local-tax-burden-ranking-2010-new-york-citizens-pay-most-alaska-least.

Tax Foundation (2012), "Monday Map: Top State Marginal Income Tax Rates, as of January 1st, 2012", http://taxfoundation.org/blog/monday-map-top-state-marginal-income-tax-rates-january-1st-2012.

U.S. Census Bureau (2002), "Commuting (Journey to Work)", Washington, D.C, http://www.census.gov/hhes/commuting/data/workathome.html.

U.S. Department of Education (2005), "10 Faces About K-12 Education Funding", http://www2.ed.gov/about/overview/fed/10facts/index.html#chart3.

U.S. Department of Transportation Federal Highway Administration (1998), "Primer: Highway Trust Fund", Federal Highway Administration Office of Policy Development, http://www.fhwa.dot.gov/aap/primer98.pdf.

Varian, Hal R. (1992), Microeconomic Analysis, W. W. Norton & Company.

Walsh Paul (2011), "Pay Tax by the Mile, Not Gallon?" StarTribune, http://www.startribune.com/business/yourmoney/

120195829.html.

Wang, Wen, Yilin Hou and Bill Duncombe (2007), "Determinants of Pay-As-You-Go Financing of Capital Projects-Evidence from the States", *Public Budgeting and Finance*, Vol. 27, No. 4 (Winter 2007): 18—42.

Wang, Yin andZhirong Zhao (2015), "Motivations, obstacles, and resources: Determinants of public-private partnership in state toll road financing", *Public Performance & Management Review*, 37 (4), 679—704.

Weber, Tom (2008), "McLaughlin Elected Chair of New Metro Transit Board", Minnesota Public Radio, http://minnesota. publicradio.org/display/web/2008/05/07/transit_board_mclaughlin.

Weber, Tom (2008), "Anoka, Ramsey Counties Approve Transit Sales Tax; Carver Says 'No'", Minnesota Public Radio, http:// minnesota.publicradio.org/display/web/2008/03/25/countytransit.

Zhao, Zhirong (2005), "Motivations, Obstacles, and Resources: The Adoption of the General-Purpose Local Option Sales Tax in Georgia Counties", *Public Finance Review*, 33(6): 721—746.

Zhao, Zhirong (2008), "Expenditures and Revenues of US Governments", In *Handbook of Governmental Accounting*, edited by Frederic Bogui, 129—148. New York, NY: Marcel Dekker, Inc.

Zhao, Zhirong (2011), "Advancing Public Interest in Public-Private Partnership of State Highway Development", The Center for Transportation Studies, University of Minnesota. http://www.lrrb. org/media/reports/201109.pdf.

Zhao, Zhirong (2013), "Calculating Benefits of Transit Coordination: Minnesota Case Studies", Center for Transportation Studies, University of

Minnesota，http：//www. coordinatemntransit. org/MCOTA/documents/
MCOTA_econ_casestudies_2013.pdf.

Zhao，Zhirong （2014a），"Making China's Urban Transportation
Boom Sustainable，Paulson Policy Memorandum，The Paulson
Institute：Chicago，IL，USA.

Zhao，Zhirong（2014b），"Value Increase and Value Capture：The
Case of TH-610 in Maple Grove，Minnesota"，Report for Minnesota
Department of Transportation Finance，Center for Transportation
Studies，University of Minnesota.

Zhao，Zhirong （2015），"Transportation Investment and Economic
Development in Minnesota Counties"，Report for Local Road Research
Board. Center for Transportation Studies，University of Minnesota.

Zhao，Zhirong，Kirti V. Das，and Kerstin Larson （2010a），"Joint
Development as a Value Capture Strategy for Public Transit Finance"，
The Journal of Transport and Land Use，5(1)：5—17.

Zhao，Zhirong，Kirti V. Das，and Kerstin Larson （2010b），"Tax
Increment Financing as a Value Capture Strategy in Funding
Transportation"，*Transportaiton Research Record*，2187：1—7.

Zhao，Zhirong，Kirti V. Das，and Carol Becker （2010c），"Funding
Surface Transportation in Minnesota：Past，Present and Prospects"，
Center for Transportation Studies，University of Minnesota. http：//
www. cts. umn. edu/Publications/ResearchReports/reportdetail. html?
id=1728.

Zhao，Zhirong and Kerstin Larson （2011），"Special Assessment
Financing as a Value Capture Strategy for Public Transit Finance"，
Public Works Management and Policy，16(4)：320—40.

Zhao, Zhirong, et al. (2012), "Value Capture for Transportation Finance", *Procedia-Social and Behavioral Sciences*, 48, 435－448.

Zhao, Zhirong, et al. (2014), "Revisiting the Fuel Tax-Based Transportation Funding System in the United States", *Public Works Management & Policy*, doi: 10.1177/1087724X14539139.

环球网:《揭物流成本:全国有 10 万 KM 收费公路 8 万收费站》, http://finance.huanqiu.com/roll/2011－05/1694379.html。

新华网:《世行报告称中国高速路通行费和国际比偏高》,http://www.yn.xinhuanet.com/newscenter/2007－02/13/content_9298525.htm。

赵志荣:《收费公路的定价机制:美国经验借鉴》,《公共治理评论》2014 年第 2 期。

郑春荣:《地方政府债务的真正风险:违约风险之外的风险》,《公共行政评论》2012 年第 4 期。

附　录

使中国的城市交通建设热潮可持续化[①]

引言

随着中国最近 30 年的经济腾飞,交通基础设施的增长也令人眩目。截至 2012 年,中国的高速公路里程已达到惊人的 420 万公里(260 万英里),而相比之下,1949 年只有 126675 公里(78712 英里)。[②] 投入运营的铁路里程从 1952 年的 22900 公里(14229 英里)增加至 2012 年的 98000 公里(60894 英里),包括超过 9360 公里(5816 英里)的高铁,上面行驶着造型优美的客运列车,以每小时超过 200 公里(124 英里)的速度疾驰在中国的主要中心城市之间。[③]

与此同时,在中国目前的地铁建设热潮中,不仅是北京和上海这样的超大型城市在积极增加新线路并延长已有的线路(见图 1),

---

① 本文为赵志荣受邀为保尔森基金会(The Paulson Institute)撰写的政策备忘录。英文原稿标题为 Making China's Urban Transportation Boom Sustainable。中文翻译由保尔森基金会提供。

② 中国国家统计局,http://data.stats.gov.cn/。

③ 《中国高铁运营里程达 9356 公里,居世界首位》,新华网,2013 年 1 月 18 日,http://news.xinhuanet.com/air/2013-01/18/c_124247711.htm。

而且连较小的城市也争先恐后地建设第一条地铁线路。有 38 个城市已经获得了中央政府的批准,在 2020 年以前至少建成一条地铁线路。需要铺设的铁轨长度将超过 6200 公里(3852 英里),而相比之下,美国的重轨交通系统里程数只有 1280 公里(795 英里)。[①]

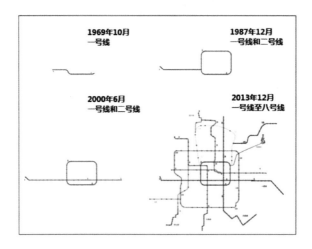

图 1 1969 年以来北京地铁系统的快速扩张[②]

但是,在基础设施迅速扩张的背后隐藏着一些严重的问题,例如中国如何进行交通基础设施投资,以及这种投资模式是否可持续。这些问题既涉及相关的融资体制,决策过程和政策效果,也涉及中国交通系统的效率,公平和财务可持续性。同时,我们需要更进一步的实证研究来了解基础设施的效益如何在不同人群和区域间分配。由于最近有越来越多的人担心中国缺少稳定的资金来源

---

① 作者的计算基于美国 15 条重轨公交系统。
② 作者根据维基百科的信息和地图绘制,http://en.wikipedia.org/wiki/Beijing_Subway。

来偿还贷款和支付交通系统的运营成本，以上的这些研究也就显得尤为紧迫。①

由于现有数据的不足和大型基础设施建设的漫长周期，这篇政策备忘录选择只提供当前情况的一个概述，而不是全面回答上述所有问题。尽管这样，由于中国基础设施建设的融资涉及财政、城镇化和社会福利等问题，这个问题值得用一篇文章来讨论。

这篇政策备忘录并不打算回答中国是否过度投资交通基础设施或最优的基础设施投资水平是多少。本文高度概括地总结了中国交通基础设施——尤其是高速公路、高铁和城市公交——的融资模式，并提供了一个对中国在扩张和改善交通基础设施过程中需要注意的几个政策问题的初步探索。

本文的分析显示，过去几十年中，中国交通基础设施领域的投资严重依赖借贷和地方政府对未来收入的隐性担保。根本来说，虽然其他国家可能在探索一些"创新"的融资机制，中国需要回归"常规"——即符合基本公共财政原则——的融资渠道。

最重要的是：中国政府应该减少借贷，并转而依靠财政收入（包括中央政府转移支付和地方专款专用的各项税费收入）。同时，相关的投资决定应该由透明和协商的参与式预算制定过程来制定。

备忘录的第一部分提供了评估基础设施融资的分析框架，通

① "Bridging the Fiscal Chasm," *The Economist*, February 22, 2014, http://www.economist.com/news/china/21596991-fancy-infrastructure-one-example-local-government-largesse-which-province-deepest-debt.

过对比和国际实例加以阐述。第二部分使用这一分析框架来评估中国的城市基础设施融资体系。第三部分阐述了中国交通投资几个重要领域中的具体问题。第四部分提供了一些如何在中期更好地满足中国基础设施融资需求的政策建议。

分析基础设施融资机制的框架

为了更好地了解中国交通投资的具体特征,我们需要一个分析框架来评估基础设施的融资机制。[①] 从"使用者付费"或"受益者付费"的角度来看,当基础设施的成本与受益者紧密相关时,公共基础设施的投资会更加高效和公平。因此,公共基础设施投资的主要决策需要考虑以下五个与效益相关的问题:"谁会受益?""效益体现在哪里?""效益何时显现?""采用何种偿还机制? 以及基础设施的使用应该以"什么价位"收费?

谁会受益?

"谁会受益"回答的是政府和市场在提供公共基础设施方面应各自发挥什么作用的问题。有些基础设施有着可以清晰界定和划分的私人效益,如水表可以计量水和排污设施的使用量。在这种情况下,可以使用市场机制,例如直接向用户收取费用。

① Zhao, Zhirong and Chengxin Cao (2011), "Funding China' Urban Infrastructure: Revenue Structure and Financing Mechanisms," *Public Finance and Management*, 11(3), http://www.spaef.com/article.php? id=1309。

　　但是，其他类型的基础设施会对直接和独家用户以外的人带来溢出效应。在这种情况下，就需要政府在一定程度上直接提供基础设施的资金，也就是使用一般财政收入。如果仅用市场机制来提供这样的设施，可能会造成用户价格上升或服务供应减少，从而达不到理论上应该达到的效率。

　　以不同类型的交通基础设施为例，商业航空系统就比公路交通系统更具排他性，因为只有付费的用户才能乘坐。因此，航空服务更加市场化，在许多国家都是用市场化的工具来提供的，[①]而公路交通更多的由政府直接补贴。同样，铁路系统，尤其是客运铁路，包括地铁，比商业航空更接近公共产品，或至少客运铁路能够产生正的外部性，因此通常能获得政府的补贴。相比之下，货运铁路更加市场化，对公共部门的依赖较少。

　　但公共产品的定义存在边界。如果高速公路上几乎没有车流，则一辆车在上面行驶并不会大大提高另一辆车在空旷公路上行驶的机会成本。但是，如果在拥堵的高速公路上增加一辆车，会使拥堵变得更加严重，并大大提高边际社会成本。要管理后面这种情况，就需要一定的市场化工具，例如拥堵费。[②]

---

　　① 美国国家空域系统（包括机场和空中交通控制设施）的资金主要来自航空燃油税。乘坐商用航空公司飞机的乘客必须支付燃油税（是票价的一部分）或燃油费。参见 http://www.tcpilots.org/funding.html。

　　② "公共产品"没有固定的定义，而且依赖于某些条件。"纯粹的公共产品"应当是非排他性和非竞争性的。拥堵的高速公路是竞争性的，因此成为了"收费产品"或"俱乐部产品"。

效益体现在哪里？

如果需要政府直接出资支持基础设施的发展,则基础设施效益跨辖区的分配会影响不同层级政府公共投资的财政安排。在这种情况下,公共财政的"对应性原则"认为,公共服务最好由最基层的政府部门来提供,而且应避免产生外部效应。

这就意味着,消费者需求的差异以及不同地区相似需求的集中最适合分散式资金分配。但与此同时,如果政府服务的成本(或效益)的空间分布并不局限于提供服务的政府辖区内,就会产生"搭便车"的问题。简单而言,如果一个县花钱建了公路,邻近县的居民就可以免费使用公路。在这种情况下,上级政府就必须采用调控机制(或补贴),将外部效应内部化。

为了说明问题,我们以美国的公路系统为例:美国的联邦政府在州际高速公路系统中扮演核心角色,州政府负责各州的干线高速公路,而地方政府负责地方的道路。由于州和地方公路也会给邻近的州或地区带来溢出效应,联邦政府或州政府会经常给下级政府发放政府间交通拨款。

效益何时显现？

建设基础设施的政府必须在即付即用的融资方式和债务融资方式中做出选择。基础设施改善通常采用债务融资。这种改善不仅具有长期效益,而且要求较大的一次性前期支出,但后期可以逐步偿还。但举债必须谨慎并明确未来偿债的收入来源。这对避免地方政府由于错误的激励机制而过度举债十分必要,原因是目前从改善基础设施项目中受益的本地居民不会察觉或承担未来的相关成本。

美国的例子也很能说明问题:为了改善交通,美国联邦政府和州政府主要依赖即付即用的融资方式(即某类财政收入专款专用)而非借贷。这是因为交通系统投资是持续的。美国的地方政府通常更愿意发行市政债来加快当地公路的改善,原因是在较小的辖区,资本支出波动性较大。但是,这些债务都有具体的偿还机制加以严格保护,要么是用一般财政收入,要么是用具体的收费来源担保。

采用何种偿还机制?

基础设施建设的偿还机制涵盖了多种公共财政工具,例如税、费和其他财务安排,可以根据不同类型的基础设施效益来匹配。例如,公共道路就有三种不同的融资方式,每一种都对应不同道路效益的计算方法。

第一种是"用户付费"方式。公共道路主要由直接交通用户使用,例如汽车驾驶员,其使用水平与燃油消费相关。例如,美国的联邦政府和州政府主要依赖燃油税作为支持交通基础设施的间接用户付费。

第二种是"一般财政收入"方式。交通改善可以促进经济发展并使老百姓普遍受益。例如,许多欧洲国家每年会将一般财政收入的一部分用于支持交通。同样,美国地方政府常常使用房产税或其他一般税收来支持地方道路和公交系统。

最后一种是"价值捕获"方式。交通改善常常会给占有位置优势的房主或地产开发商创造巨大的效益。例如,可以使用各种价值捕获战略(税收增额融资、开发影响费或联合开发来补充交通投资)。[①]

什么价位?

设计基础设施融资机制的最后一个概念性问题是一个非常重要、但也非常困难的挑战,那就是决定基础设施收费的合理价位。无论价位是多少,这一选择都会释放出强大的信号,从而影响消费者和投资者的行为。

对于典型的商品和服务,一般原则是价格应该等于边际成本,这样可以将经济效率最大化。但是基础设施的使用比较复杂,原因是基础设施通常被看做是公共产品,因此不能简单地由市场来定价。

一种选择是将费率设定为盈亏平衡点。这样可以抵消建设和运营成本。但是,这个价格有可能会太高,从而影响到基础设施的充分使用及效益的充分发挥。相反,如果价格定得太低,就会鼓励过度使用基础设施的行为,从而为社会和环境带来巨大的负面影响。

举例来说:美国拥有强大的汽车文化和土地使用效率低的情况,结果造成了城市的无序扩张,部分原因是美国的公共道路使用

[①] 欲了解价值捕获的更多信息,参见明尼苏达大学出版的研究报告《交通融资的价值捕获》(*Value Capture for Transportation Finance*) http://www.cts.umn.edu/Research/featured/valuecapture。

价格过低。与其他国家相比,美国的收费公路(直接用户付费)使用量较低。① 与许多欧洲经合组织国家相比,燃油税(间接用户收费)也低得多。

复杂性还体现在社会公平问题上。对于公共产品和社会服务,包括基础设施的使用,费率的制定通常要考虑可负担性,主要是为了避免严重递减的收费模式,让低收入群体承担过高的财政负担。其结果是,基础设施使用价格经常需要下调。这种下调可以针对某些交通方式,例如公交系统;也可以针对某些地区,例如相对欠发达地区;也可以针对某些群体,例如低收入群体或老年人。

中国的城市基础设施融资

为了支持交通系统,一些国家会将某类财政收入专款专用,而另一些国家则依赖一般财政收入拨款。中国的城市基础设施建设资金来自多种财政收入,包括部分专款专用的收入。这里讲的设施包括地面交通(例如道路、桥梁和公交系统),但也包括其他实体基础设施,例如供水、污水、天然气、环境卫生、防洪和园林绿化等。这部分简要介绍了中国在过去几十年的城市基础设施融资发展,并通过以上讨论的五个概念性问题来审视中国特有的融资体系。

---

① 2005年收费收入进展美国高速公路总收入的5％左右。欲对比欧洲经合组织作家的燃油税,参见《经济学人》杂志的这张图:http://media.economist.com/images/imagesmagazine/2010/09/25/in/20100925_inc351.gif。

中国城市基础设施融资模式

过去几十年,中国的城市基础设施融资经历了多次波动。第一阶段从 1949 年至 1978 年,城市基础设施建设缺乏政治和财政的支持。但从 1978 年至 1994 年的 15 年间,中央政府通过法律和法规,积极推动城市基础设施建设。

在此期间,政府通过征收城市维护建设税及公共事业费,并越来越多地采用公共设施使用费,作为基础设施资金专款专用的收入来源。在 1994 年全面改革税收体制后,地方政府在城市基础设施融资方面的作用越来越突出,并采用了多种创新的方式。

根据《中国城市建设统计年鉴》(2000 年至 2012 年),中国的"城市维护建设收入"(以下简称城市基础设施收入)来自即付即用财政收入和市场融资方式(参见表1)。① 即付即用财政收入包括中央和地方政府预算拨款、城市维护建设税、公共事业费、公共设施使用费、土地出让金和资产置换收入。

表1　人均城市基础设施收入(1990—2011 年,元)

	1990	1993	1996	1999	2002	2005	2008	2011
财政收入	19.2	23.3	26.4	45.5	101.1	164.6	349.9	782.3
预算拨款	4.9	9.1	8.1	22.2	36.3	59.5	103.7	147.6
中央预算拨款	1.7	2.8	0.9	8.4	5.9	4.3	5.2	9.6

---

① 这些收入统统被用于"城市建设"活动,由地方的城市建设局管理。国家级主要项目(例如三峡大坝)的资金没有包括在内。

（续表）

	1990	1993	1996	1999	2002	2005	2008	2011
地方预算拨款	3.1	6.2	7.2	13.8	30.4	55.2	98.5	138.0
地方专款专用税收	13.9	13.7	17.8	22.7	28.3	42.1	57.7	104.2
维护建设	10.3	10.3	13.2	17.6	24.5	38.2	51.5	93.3
公用事业费	3.6	3.5	4.6	5.1	3.9	3.8	6.2	10.9
费用和用户收费	0.4	0.5	0.5	0.6	14.6	21.7	42.9	71.9
水资源费	0.4	0.5	0.5	0.6	1.0	1.7	1.8	5.2
基础设施连接费	＊＊	＊＊	＊＊	＊＊	6.7	9.9	22.9	40.4
用户收费	＊＊	＊＊	＊＊	＊＊	6.9	10.1	18.2	26.3
土地出让金	＊＊	＊＊	＊＊	＊＊	21.9	41.2	145.6	458.6
市场融资	5.9	10.9	22.6	53.1	119.6	190.3	＊＊	＊＊
国内贷款	1.4	4.7	8.0	30.1	67.6	115.8	＊＊	＊＊
国家发行的债券	＊＊	＊＊	＊＊	＊＊	5.1	10.6	＊＊	＊＊
银行贷款	＊＊	＊＊	＊＊	＊＊	62.5	105.2	＊＊	＊＊
其他债券	＊＊	＊＊	＊＊	＊＊	0.2	2.4	＊＊	＊＊
自筹资金	4.1	4.8	10.0	19.1	46.5	65.6	＊＊	＊＊
外资	0.4	1.4	4.7	4.0	4.7	6.4	＊＊	＊＊
股票	＊＊	＊＊	＊＊	＊＊	0.5	0.1	＊＊	＊＊
其他来源	8.3	26.7	21.8	32.1	23.6	21.2	＊＊	＊＊
总数	33.4	60.9	70.8	130.7	244.2	376.1	＊＊	＊＊

注：＊＊表示缺乏数据。以上所有数据都按固定资产指数进行了调整，以2000年固定价格计算。

资料来源：吴（2008年）；中国城市建设统计年鉴（2000—2011年）。

　　中国也依赖市场融资方式,包括国内贷款、外资、债券、股权融资及自筹资金等。从 1990 年至 2005 年,财政收入的年均增长率为 12.8％。与此同时,市场融资的年均增长率为 17.1％,高于财政收入的增长。这就表明,随着时间的推移,中国越来越依赖借贷,而且这一趋势很可能在近年来一直如此。

　　在各种财政收入中,中国近年来增长最快的是土地出让金,主要是土地使用权的租赁费。自 20 世纪 80 年代引入以来,土地出让金逐渐成为地方政府最重要的收入来源,无论是用于一般用途,还是支持城市基础设施建设。

　　确实,土地出让金增长迅速,每 2—3 年就会翻一番,从 2002 年人均 22 元人民币(3.5 美元)上升至 2011 年人均约 460 元人民币(75 美元)。但是,从较长的时间段来看,土地出让金收入的使用并不稳定,地区之间分配也不均等,会随着全国经济形势或政策变化而大幅波动。

　　土地出让金的使用大量集中在直辖市和中国的沿海地区,使不同省份用于城市基础设施融资的财政支出差异加大。例如,2005 年,上海附近的浙江省用于基础设施融资的人均土地出让金约为 245 元人民币(40 美元),而中国的西南边陲云南省仅为 2 元人民币(0.35 美元),差距超过 100 倍,令人触目惊心(参见表 2)。①

---

① 请参见赵志荣和曹成欣(2013 年)的文章《中国将土地出让金用于城市基础设施建设》,林肯土地政策研究所工作论文系列。北京大学—林肯研究院城市发展和土地政策研究中心:中国北京。

　　与此同时,市场融资方式可以分为债务融资或股权融资。[①] 在1990 年至 2010 年期间,中国债务融资大部分是国内贷款的形式,尤其是银行贷款。贷款主体是城市建设投资公司(城投公司)。这是地方政府为了绕过限制从而直接向商业银行借贷而设置的。

　　但是,自 2011 年以来,有些地方政府已经获得中央政府的许可,可以发行市政债。但"城市投融资平台"的银行贷款仍然在增长。与债务融资相比,股权融资在中国城市建设资金中占比较小。这个类别包括企业累积资金,公共部门的自筹资金和外资(外国直接投资、贷款或通过公私合作的其他外国投资)。

　　在 1990 年至 2005 年期间,自筹资金和外资的增长速度均低于债务融资。[②] 中国的趋势是越来越依赖银行贷款而不是私营部门的投资。这与很多在基础设施建设领域积极寻求私人投资的国家形成了鲜明的对比。

用概念性框架来衡量中国的城市基础设施融资

　　上一部分讨论的五个问题框架可以为评估中国城市基础设施融资特点提供有用的对比分析工具。第一个问题是"谁会受益?"及政府与市场融资机制的角色。中国政府越来越多地使用市场机制,例如债务或股权融资,来支持城市基础设施建设。

---

　　① 　基于个人观察和采访,我们怀疑这些融资活动的大部分偿还机制并没有包括在城市基础设施财政收入中,因此出现反复计算的可能性很小。

　　② 　2006 年以后没有基础设施市场融资的详细数据。

但是,国家和市场的角色区分却十分模糊。一方面,地方政府经常被报道强行向居民征地并给予极少的补偿,几乎等同于圈地运动。而另一方面,地方政府又通过招拍挂或谈判,收取极高的土地出让金,或通过城投公司等准政府实体直接参与房地产开发,赚取高额市场回报。

与此同时,债务融资通常是以地方政府向国有银行贷款的方式,而这类贷款不能看做是纯粹市场化的交易。确实,这些活动可以称为"政府领导的市场运作"。这是一种调动开发资源的方便方式,但也引发了对政府权力和社会资源使用不当的担忧。

第二个问题是"效益体现在哪里?"和政府的财政支持力度。在最近几十年,地方政府在城市基础设施融资方面发挥的作用越来越大。用所有城市建设收入(参见表2)来衡量,中央政府的预算拨款较低,而且在各个省分配不均,但对四个大型全国直辖市(北京、重庆、上海和天津)的人均拨款要高得多,反映出对这些超大型城市的优待。①

---

① 请参见赵志荣和曹成欣(2013年)的文章《中国将土地出让金用于城市基础设施建设》,林肯土地政策研究所工作论文系列。北京大学-林肯研究院城市发展和土地政策研究中心:中国北京。

表 2 各省按人均城市基础设施收入排名（2005 年，元）

地区	省份	基础设施总收入		财政收入					市场融资		
		排名	人均	人均					人均		
				预算拨款	两项费	费用及用户付费	土地出让金	人均	债务融资	外资	自筹资金
直辖市	上海	1	2766.3	598.6	270.0	280.0	48.5	178.7	1938.2	683.9	15.6	1238.8
	天津	2	1779.4	514.7	354.1	93.7	66.9	16.6	1178.6	1069.2	25.3	84.1
	重庆	5	821.2	361.5	169.2	138.2	54.1	46.8	396.2	255.1	42.1	99.0
	浙江	3	960.7	356.7	225.9	76.1	54.7	244.7	317.1	207.0	29.5	80.6
	江苏	4	906.0	289.2	150.4	85.6	53.1	155.7	429.5	338.2	2.0	89.2
	辽宁	6	597.3	251.1	134.2	75.8	41.0	101.7	226.5	74.1	4.4	147.9
	山东	7	524.4	198.1	97.0	65.2	35.9	55.6	231.8	112.9	11.8	107.1
东部	广东	8	486.5	145.6	41.5	48.6	55.4	63.5	208.1	169.9	4.7	33.6
	海南	13	342.3	74.0	18.6	34.9	20.5	46.5	221.0	202.2	2.6	16.2
	福建	15	331.3	119.8	73.0	36.8	10.0	36.2	167.1	128.6	5.6	32.9
	河北	16	319.3	84.8	37.5	33.9	13.4	32.8	187.5	80.1	6.5	100.9

（续表）

地区	省份	基础设施总收入		财政收入					市场融资			
		排名	人均	人均	预算拨款	两项费	费用及用户付费	土地出让金	人均	债务融资	外资	自筹资金
中部	吉林	12	354.8	80.0	19.8	40.6	19.6	16.1	236.1	179.9	1.8	54.4
	湖北	17	302.6	65.9	29.8	25.1	11.0	3.1	194.9	99.5	10.5	84.9
	黑龙江	18	302.3	104.9	28.7	63.4	12.8	20.9	131.5	65.5	5.2	60.7
	湖南	21	230.5	48.8	14.1	23.9	10.8	25.7	138.0	94.3	8.2	35.5
	江西	23	200.0	72.4	54.1	12.3	5.9	22.4	83.6	33.0	10.8	38.1
	安徽	24	181.2	50.2	15.6	22.1	12.5	33.4	88.6	64.4	4.0	20.2
	山西	26	161.4	74.6	19.2	39.5	15.9	34.8	44.4	30.1	2.0	12.2
	河南	27	121.7	45.2	10.5	23.5	11.1	14.2	59.3	34.2	0.7	24.4
西部	宁夏	9	419.1	224.0	149.2	56.8	18.0	13.3	175.7	84.7	2.0	88.9
	内蒙古	10	391.4	118.3	74.6	38.8	5.0	18.5	241.6	142.2	22.8	76.6
	四川	11	371.5	122.2	93.6	17.2	11.4	4.9	225.4	140.4	1.4	83.6
	陕西	14	333.1	86.0	38.1	16.2	31.7	17.0	216.8	188.8	8.5	19.6

（续表）

地区	省份	基础设施总收入		财政收入					市场融资			
		排名	人均	人均	人均				人均	人均		
					预算拨款	两项费	费用及用户付费	土地出让金		债务融资	外资	自筹资金
西部	新疆	19	288.6	102.3	51.9	35.5	15.0	10.7	160.5	81.9	7.5	71.1
	广西	20	284.1	84.6	54.7	19.6	10.2	24.4	153.6	102.7	3.5	47.5
	甘肃	22	205.0	51.1	25.5	21.4	4.3	5.3	145.6	128.1	2.1	15.4
	青海	25	175.7	44.3	19.0	14.0	11.4	4.9	110.9	99.6	0.0	11.2
	云南	28	86.5	45.4	20.2	24.4	0.9	2.3	32.4	25.6	0.2	6.0
	贵州	29	81.4	35.7	8.4	19.4	8.0	6.9	33.3	31.2	0.0	2.2

注：以上所有数据都按固定资产指数进行调整，以2000年固定价格计算。
资料来源：中国城市建设统计年鉴（2006年）。

中国的分税制可能是地方政府积极采用创新方法——如依赖城投公司和土地出让金——来支持城市基础设施改善的原因。但是，并非所有省份都有这个能力。实际上，自 1978 年改革开始，各省在使用地方预算拨款支持城市基础设施建设方面的差异很大。近年来，对土地出让金的严重依赖更是加剧了沿海省份和内陆省份现有的财政收入差距。

第三个问题是"效益何时显现"和使用财政资金还是市场融资。近年来，中国对即付即用财政收入的依赖跌至 50％以下，而政府从债务融资或股权融资获得的资金却超过了 50％。虽然土地出让金在中国被视为一次性财政收入，但其功能实质上是特殊债务融资，原因是该收入来自民营地产开发商，而这些开发商通常获得的是 50 至 70 年的土地使用权。

总体来看，似乎中国的地方政府一直把未来的资源作为金融抵押品，用来支持目前的城市基础设施建设。这显然引发了对目前融资机制中期可持续性的严重担忧。

第四个问题是："使用何种偿还机制？"。中国基础设施总投入中的预算拨款比例一直高于地方专款专用的税收和直接用户付费。这就意味着，中国的城市基础设施资金主要来自一般财政收入。另外，对土地出让金的依赖日益加强，与道路、桥梁和园林绿化的投资增加有密切关系。

这种物质改善可以增加交通便利性、建造社区公共设施并改善城市景观，而所有这一切都会在未来租赁土地时转化为更高的土地出让金。因此,如果使用得当,土地出让金是城市普遍使用的中国式价值捕获战略。但是,这会成为一个问题,原因是租赁公共土地的收益通常是一次性收入。更严重的是,许多城市已经没有更多的土地可供租赁。①

第五个问题是城市基础设施使用价格应该定在"什么价位?"这是中国一直在努力解决的问题,无论是通过直接用户付费还是间接征税。不同类别的基础设施和不同地区可能需要不同的解决方案。一个可能反复出现的主题是:如何恰当地提高基础设施使用的直接成本,从而达到节约自然资源、保护环境或防止拥堵及相关社会成本的目的。在交通行业,中国的高速公路系统普遍采用收费的方式,但拥堵费在城市地区遭到了公众的强烈反对。同样道理,水资源短缺在许多城市变得日益严重,但中国一直不愿意提高水价。②

总的来说,中国的城市基础设施融资特点是"政府领导的市场运作"(例如通过城投公司),高度依赖借贷或使用土地出让金等未来资源,以及较少利用基础设施收费的方式。更重要的是,城市建设决策程序不透明,而且没有详细的数据说明具体基础设施类型对应的资本收入来源。

---

① 《土地储备贷款面临的是流动性风险而非偿还能力》,《财经》2011 年 6 月 23 日,http://www.caijing.com.cn/2011－06－23/110754245.html;《土地财政末路狂欢深圳无地可卖倒逼新一轮土地改革》,南方报业网 2013 年 12 月 21 日,http://sz.house.qq.com/a/20131231/012112_all.htm。

② "Desperate Measure", *The Economist*, *October* 12, 2013, http://www.economist.com/news/leaders/21587789-desperate-measures。

中国的交通建设热潮:如何改善财政的可持续性

在与"城市建设"相关的固定资产投资中,地面交通设施,包括"道路和桥梁"及"公交系统"(城市公交)是最大和增长最快的类别。在过去的几十年,这类投资占了总额 2810 亿美元的城市建设投资中的近三分之二。[①]

但是,"城市建设"数据并不涵盖城市中心以外的交通设施建设,即全国高速公路系统,最近几十年每年的投资预计约为 350 亿美元,以及高铁网络,截至 2011 年的累积投资预计约为 4000 亿美元。[②]

根据中国国家统计局的数据,每年的交通投资(包括道路、铁路和公交系统)从 2003 年的 600 亿美元增加至 2011 年的 4000 亿美元。全国数据关于资金来源的信息不太详细,但是严重依赖融资的总体趋势十分明显,城市建设数据也表现出同样的趋势。正如表 3 显示的那样,2011 年的财政收入仅占道路投资总额的 17%,铁路投资总额的 11.5%,和公交系统投资总额的 8.4%。

[①] Zhao, Zhirong and Chengxin Cao (2011), "Funding Urban Infrastructure Development, China Style", Center for Transportation Studies, University of Minnesota。

[②] 估算参见 www.cnfol.com,http://review.cnfol.com/110731/436,1705,10375451,00.shtml。

表 3　交通投资严重依赖融资（2003—2011 年）

	道路		铁路		公交系统		总数	
	财政收入	市场融资	财政收入	市场融资	财政收入	市场融资	财政收入	市场融资
2003	9.5%	90.5%	32.6%	67.4%	2.5%	97.5%	12.4%	87.6%
2004	9.9%	90.1%	38.9%	61.1%	2.4%	97.6%	13.7%	86.3%
2005	10.1%	89.9%	34.6%	65.4%	5.7%	94.3%	14.3%	85.7%
2006	10.8%	89.2%	30.2%	69.8%	3.6%	96.4%	14.4%	85.6%
2007	13.3%	86.7%	22.4%	77.6%	5.9%	94.1%	14.8%	85.2%
2008	14.9%	85.1%	18.0%	82.0%	7.2%	92.8%	15.1%	84.9%
2009	17.6%	82.4%	14.5%	85.5%	6.4%	93.6%	15.2%	84.8%
2010	15.9%	84.1%	14.2%	85.8%	6.2%	93.8%	14.4%	85.6%
2011	17.0%	83.0%	11.5%	88.5%	8.4%	91.6%	14.6%	85.4%

注：除财政收入以外的所有来源都被看作是广义的市场融资。
资料来源：中国国家统计局 http://data.stats.gov.cn/workspace/index？ m＝hghd。

　　要了解中国近年来交通投资热潮的详细机制及这些投资的效果，还需要更多的数据及进一步的分析。但是，了解清楚这些情况非常重要，原因是中国如何保持规模惊人的基础设施投资是中国财政政策及未来增长前景的核心问题。鉴于这些投资的范围和规模之大，以及对中国和世界的影响的深远，即使数据不够充分，我们也需要考虑主要的政策问题并提出建议。

　　总的来说，对于三种主要地面交通：高速公路、高铁和城市公交系统，中国应该考虑：（1）在地方层面进一步管控准政府运作；（2）减少对债务融资的依赖，以及（3）提高基础设施使用费。

高速公路系统:收费还是不收费?

中国最近几十年的高速公路建设严重依赖收费,这在公众中引发了激烈的争议。一篇被广泛引用的报告称,2006 年,中国约有 10 万公里(62317 英里)收费公路。[①] 然而,实际里程可能还更高,截至 2010 年底,可能已超过 25 万公里(155342 英里)。[②] 根据官方报告,中国 95% 的快速公路,61% 的一级高速公路和 42% 的二级高速公路都依赖收费。(与此相比,美国仅有 6% 的快速公路和不到 0.1% 的高速公路是收费的。[③])

由于广泛使用收费的模式,中国高速公路的直接用户成本据报导高于国际平均水平,这也常常被认为是中国物流成本居高不下的原因之一。[④] 中国收费高的部分原因是管理成本高或将收费收入用作其他用途。但是,从根本上说,这是因为中国高速公路建设战略的基本原则迫使国家过度依赖借贷,截至 2011 年高速公路累积债务约为 4000 亿美元,因此只能通过收费来还债。

作为对公众抨击收费过高的回应,中央政府在 2012 年决定,节假日对私家车免收过路费。但是,政府随后宣布将延长收费年限的

---

① 《全球 14 万公里公路收费 10 万在中国》,《上海证券报》2006 年 06 月 28 日,http://news.qq.com/a/20070213/000975.htm。

② 《交通运输部:全国不收费公路将超 96%》,《新京报》2011 年 03 月 24 日,http://politics.people.com.cn/GB/1027/14221874.html。

③ 赵志荣(2013 年):《收费公路的定价机制:美国经验和中国讨论》,https://netfiles.umn.edu/xythoswfs/webview/_xy-16372708_1。

④ 《世行报告称中国高速路通行费和国际比偏高》,《中国青年报》2007 年 2 月 13 日,http://www.yn.xinhuanet.com/newscenter/2007-02/13/content_9298525.htm。

消息却引发了民愤。要解决收费昂贵的问题,中国政府应当考虑逐渐减少对先借贷后收费模式的依赖,且通过结合技术和程序的考虑,改善收费公路的定价。

首先,中国应当直接划拨更多的财政资源,用于支持高速公路建设。这是因为仅靠收费不能产生足够的收入。美国和许多其他国家在早期也广泛依赖收费公路。但是,随着现代税收制度的发展,许多国家都将税收作为支持公路投资的主要方式。用收费来支持高速公路的部分建设在财务上是可行的,例如用来偿还初期建设成本,而且可以成为管理交通需求的政策工具。

但是,由于高速交通的"公共产品"属性,完全依赖直接用户付费可能无法产生足够的收入来支持整个高速公路系统的建设和维修。这在中国已是既成事实。早年建设的高速公路路段交通需求充足,因此投资回报率较高。而新建的路段,尤其是在农村和边远地区,通常无法获得足够的收费来偿还初期成本并满足未来的维修需求。

这个问题不能完全通过增加借贷、公私合作或延长收费年限来解决。中国的中央政府和省政府需要承担更多的财政责任来填补空缺。这就意味着逐渐取消目前收费公路的收费,并减少新建公路对收费的依赖。正确的收入来源可以来自一般预算拨款(欧洲模式)或专款专用的燃油税(美国模式)。

对中国高速公路建设的第二个建议事关如何决定收费价格。这不仅是个技术问题,而且是个财务、管理和法律问题。

在技术上,正确设定收费标准可以用来管理交通行为并改善公共设施的使用效率。但是,中国政府在节假日免收过路费的政策可能事与愿违,因为这会在高需求期内增加道路的拥堵。

与此同时,在财务上,中国的收费机构是如何确定收费标准的也不清楚。公众的观点是,收费收入应该只需抵消公共设施成本就行了。这种成本不仅应当包括初期建设成本,而且应当包括公共设施整个生命周期内的运营和维修成本。盈亏平衡点应该按整个系统来决定,原因很简单,不同的高速公路路段可以交叉补贴。

从管理上,"公共设施管理"的国际经验通常会结合技术分析与政治程序(例如公开听证和代表投票)来设定收费价格。[①] 决策过程中的公众知情权和参与权可以大大改善政策执行效果并减少潜在冲突。

在法律上,现有的收费公路项目可能涉及公私合作或其他合同关系,因此,管理需要通过恰当的法律程序。最近免收过路费然后延长收费年限的决定是通过临时行政通知做出的,这遭到了中国法律界的批评。

高铁:民营资本有用吗?

中国高铁网络的快速扩张是一项了不起的工程壮举,在中国广阔的土地上前所未有地方便了个人的出行。然而,高铁这一浩大投资的经济和财政回报率尚不清楚。

其他国家没有广泛建设高铁的一个原因是初期建设和运营成本过高。一般而言,发达国家对高铁成本效益或成本有效性的分析结

---

① 赵志荣(2013 年):《收费公路的定价机制:美国经验和中国讨论》,https://netfiles.umn.edu/xythoswfs/webview/_xy—16372708_1。

果并不支持如此大规模的投资。①

此外,高铁的经济回报往往分布不均,也就是说,某些地区的经济效益增加常常以损害其他地区的经济效益为代价,从而使政策决定变得更加复杂。

与许多其他国家相比,中国政府更能调动社会资源来进行如此大规模的建设。但是,中国高铁投资的经济和财务效应亟待研究,以消除对政策的担忧并为未来决策提供依据。

目前有一些零星证据显示,中国的高铁大大改善了个人的出行体验,尤其是在人口众多的东部沿海城市。因为中国地域辽阔、人口密度高和密集开发的特点,中国的高铁有可能产生比地广人稀的发达国家更高的经济回报。

但是,由于没有公布高铁 4000 亿美元投资如何使用的详细数据,我们很难评估高铁投资在各个地区和各个时间段的效益,也很难与其他投资选择的经济效益相比较。例如,如果将相同数量的资金投入教育、环境、社会福利甚至是其他类型的交通改善(例如普通客运和货运铁路),有可能累积起来会产生更大的经济和社会效益。

此外,我们还必须特别关注高铁的再分配效应,因为高铁可能会在节点附近的地区产生效益,但会因为扰民效应在铁路沿线产生成本,例如噪音污染或企业搬迁。

―――――――――

① Levinson, David and David Gillen, "The Full Cost of Intercity Highway Transportation", *Transportation Research*, 1997, 3D(4): 207 — 233; Levinson, David, "Economic Development Impacts of High Speed Rail", unpublished working paper, http://nexus.umn.edu/Papers/EconomicDevelopmentImpactsOfHSR.pdf。

更好地了解高铁的经济效应不仅有助于决定未来是否和如何投资高铁系统，而且有助于找到恰当的方法来为高铁系统融资，使其能够继续运营下去。我们都知道，快速公交系统在大多数地方都不能产生足够的运营利润来抵消初期的资本支出，因此高铁也需要政府的大量直接补贴。

中国的高铁建设一直依赖借贷，大部分是中央政府贷款或由铁道部发行政府隐性担保的债券。[①] 由于面临日益上升的偿债压力，铁道部在 2013 年被分拆为两部分：国家铁路局和中国铁路总公司。

建立中国铁路总公司的部分原因是想通过发债的方式吸引民营资本或成立公私合作模式。[②] 但是，中国应当保持谨慎，不要对民营资本的进入怀有不现实的期望。借贷必须偿还，民营投资（包括公私合作）也必须产生实际的回报。总的来说，公私合作是一种融资工具，不是资金来源。公私合作可以加快中国高铁项目的建设，但不能从根本上改变高铁建设需要大量财政补贴这一事实。

进一步增加融资工具只会让政府推脱应当承担的财政责任。更严重的是，这可能会让公众产生错误的印象，认为高铁能够自己养活自己，从而决定过度投资，完全不考虑真实的未来成本。大部分资本支出应该由政府的直接财政收入来提供，而且应该是在中央政府层面，原因很简单，高铁有巨大的网络效应，能在全国产生广泛的效益。

在运营层面，高铁投资的初期成本有多大比例可以通过旅客车

---

① 高铁总成本和总负债没有官方统计数据。

② 《3000 亿铁路发展基金年内成形吸金效果仍待观望》，《第一财经日报》2014年 4 月 3 日，http://finance.sina.com.cn/china/20140403/015618695978.shtml。

票回收还不清楚。虽然部分热门高铁线路有能力实现盈亏平衡,但是高铁系统整体可能长期需要较多的财政补贴。这些补贴的重担应该由那些明显从高铁中获得经济利益的省政府或下级地方政府承担。

这些补贴可以来自一般财政收入拨款或通过价值捕获战略产生,例如联合开发或向主要高铁节点附近的地区征收开发影响费。如上所述,公私合作不能作为收入来源,原因是公共部门的合同未来仍然需要政府通过一般财政收入来偿付,也就是所谓的"可用性付费"(availabilitypayments)。[①]

城市公交系统:中央政府和地方政府的职责界限

直到最近十年,中国城市公交系统投资的增速一直慢于道路和桥梁。1990 年,城市公交系统的投入仅占城市基础设施总投资的8%,这一比例在 1995 年下降了近一半,直到 2000 年才回到 8%。

与此相比,道路和桥梁的相应比例在同期从 26% 上升至 45%。2000 年以后,政府增加了对城市公交系统建设的关注,现在城市公交系统的占比已达到城市基础设施总投资的 15% 左右,但这些投资主要集中在四大直辖市北京、重庆、上海和天津以及部分东部沿海省份,而其他地区却鲜有发展。[②]

---

① 欲了解可用性付款的更多信息,可参见 Azla, Ahmed M. Abddel(2006),"A Survey of the Payment Mechanisms for Transportation DBFO Projects in British Columbia", *Construction Management and Economics*, Vol.25(5):529—543。

② Zhao, Zhirong and Chengxin Cao (2011), "Funding China's Urban Infrastructure: Revenue Structure and Financing Mechanisms", *Public Finance and Management*, 11(3).

近年来,中央政府反复呼吁大力发展城市公交系统,包括普通公交车和电车,以及新批准建设或扩建的城市地铁。关键问题是财政负担如何在不同层级的政府之间分配,因为公交服务通常需要大量的政府资金来弥补车票收入。

改善中国的城市公交系统可以减少对私家车的依赖,帮助缓解城市交通拥堵,减少环境污染,并提高城市出行的便利,尤其是针对低收入群体。环境污染的改善会给邻近区域也带来好处。增加低收入群体的出行便利将产生巨大的再分配效应。但是,这些责任不能都由地方政府来承担,而是应该由中央政府来承担。[①]

为了让中央政府和地方政府更好地分担成本,可以建立基于计算公式的对等拨款,帮助地方政府支付城市公交系统的资本支出,例如公交走廊的初期建设或公交车的购置。这种拨款对于新建或扩建城市地铁尤为重要。此类建设不应当依赖地方政府的借贷,原因是地铁的运营通常不能产生未来利润用于偿还贷款。只要地方政府负责承担相应的那部分资金,为资本支出精心设计的对等拨款就不会鼓励过度投资。

对于庞大的城市公交系统而言,例如地铁,就连运营成本都是巨大的财务负担,必须精心管理才行。计划建设地铁新线路的地方政府应当拿出一部分地方政府财政收入,用于弥补每年可能产生的运营亏损。与此同时,中央政府应当在批准新建项目前评估这些项目

①　近几十年,美国城市公交系统扩建的资本支出得到了联邦政府的巨额补贴,但运营成本主要是由州和地方政府承担。参见旧金山中央地铁扩建的例子:http://www.mtc.ca.gov/news/current_topics/10－12/central_subway.htm。

的财务规划。

城市基础设施资金的另一个潜在来源是房产税。中国目前正在制定房产税。而其他国家广泛使用房产税作为支持包括建设地方公路和公交系统在内的公共服务的主要地方收入。

自 2011 年以来,房产税在几个中国城市开展了试点,包括上海和重庆,近期可能会在全国推出。我们建议未来把一部分的房产税用于基础设施的改善,并让城市居民通过公开的程序参与相关的决策。与土地出让金不同,房产税不是一次性收入。房产税与拥有住房直接挂钩,是一种长期可持续的收入。

由于城市公交系统的改善会提升房地产价值,中国的城市还可以采用多种价值捕获战略,例如在公交车站附近联合开发,以补充车票收入,从而支持城市公交系统的发展。这种做法也需要政府、居民和地产开发商的同意和合作。

结论

近年来,美国等国家的财政捉襟见肘,不能满足交通基础设施建设的需求。相比之下,中国政府在升级和扩建交通系统方面取得了长足的进步。但是,目前投资机制的长期可持续性遭到了质疑。

本政策备忘录用五个问题的框架分析了基础设施融资的一些主要决策。文章的前提是:如果基础设施的成本与受益者紧密联系,投资体系将更加高效和公平。中国的城市基础设施融资特点可以归纳为"政府领导的市场运作",由地方政府带头实验各种融资和收入方式。但是,这一体系不可能持续,原因是缺乏中央政府的支持、严重依赖债务融资,以及缺乏专款专用的常规财政收入来源。

中国在维持高速公路、高铁和城市公交系统投资高潮方面面临几个主要挑战。对高速公路系统而言,在节假日期间暂时免收过路费不是减少公众抵制高收费的有效方法;延长收费年限也不是偿还建设贷款或维持未来运营和维修的有效方法。中国应当逐渐减少对先借贷后收费的依赖,并改善收费标准的决策,例如采用更好的程序和技术分析。

对高铁而言,除了评估巨额投资与经济回报之间的关系之外,还需要更好地了解潜在的再分配效应和相关的社会公平问题。引入民营资本不能提供足够的资金来偿还高铁建设贷款并维持高铁的运营。中央政府和省政府必须联合从财政拨款支持。

对城市公交系统而言,例如地铁,中央或省政府应当采用基于计算公式的对等拨款机制,帮助市政府承担资本支出,并使用专项地方财政收入,例如房产税,来补贴持续的运营和维修。归根结底,中央和地方政府的成本分摊需要进一步明确和协调。

由于交通设施的公共产品属性(“谁会受益?”),指望高速公路、高铁和城市公交系统自己养活自己是不现实的,政府必须大力提供财政支持。这些设施有巨大的地区甚至全国效应(“效益体现在哪里?”),因此中央政府需要发挥作用,帮助地方政府。虽然交通设施有长期效益(“效益何时显现?”),但是大部分不能产生足够的运营利润用于偿还债务。这就意味着政府应当考虑采用更多的即付即用财政收入,减少对包括借贷、土地出让金或公私合作在内的金融工具的依赖。这些工具只不过是把出资责任推至未来而已。

更多的政府直接拨款，例如基于计算公式的中央资本拨款和专款专用的地方收入来源，可以让中国的交通投资更加可持续（"使用何种偿还机制？"）。此外，我们还建议建立更加公开和透明的决策程序，确保在信息充分、深思熟虑和意见一致的基础上，通过合作的方式做出包括融资机制和定价（"什么价位？"）在内的重要投资决策。

人们自然会问，要减少对市场融资的依赖，需要从哪里寻找额外的财政收入呢？在任何国家，加税都是不受欢迎的政策。通过新征房产税来支付这类公共产品尤其如此。中国公民和房主必然会要求把纳税人的钱用在可以让他们立即受益的地方。

交通行业只是中国财政总体失衡的一个缩影。目前的体制赋予了地方政府太多的事权。在压力之下，地方政府只能转向"创新"及通常不受监管的金融工具，以弥补直接拨款的缺口。改革中国的整体税制超出了本备忘录讨论的范围，但中国交通建设融资的可持续性对创建更加平衡的财政体系至关重要。

图书在版编目(CIP)数据

财政联邦主义下的交通设施投融资:以美国明尼苏
达州为例/赵志荣著.—上海:格致出版社:上海人民出
版社,2015
(城市化与金融)
ISBN 978-7-5432-2575-6

Ⅰ.①财… Ⅱ.①赵… Ⅲ.①交通设施-基础设施
建设-投融资体制-研究-美国 Ⅳ.①F517.12

中国版本图书馆 CIP 数据核字(2015)第 240587 号

责任编辑 彭 琳
装帧设计 路 静

财政联邦主义下的交通设施投融资
——以美国明尼苏达州为例

赵志荣 著

出 版	世纪出版股份有限公司 格致出版社 世纪出版集团 上海人民出版社 (200001 上海福建中路 193 号 www.ewen.co)	印 刷	苏州望电印刷有限公司
		开 本	720×1000 1/16
		印 张	13.25
	编辑部热线 021-63914988 市场部热线 021-63914081 www.hibooks.cn	插 页	2
		字 数	134,000
		版 次	2015 年 11 月第 1 版
发 行	上海世纪出版股份有限公司发行中心	印 次	2015 年 11 月第 1 次印刷

ISBN 978-7-5432-2575-6/F・889   定价:38.00 元